TRIBUTAÇÃO E RAÇA

FABULAÇÕES TRIBUTÁRIAS

Uma imersão na teoria racial crítica do direito tributário

TRIBUTAÇÃO E RAÇA
FABULAÇÕES TRIBUTÁRIAS
Uma imersão na teoria racial crítica do direito tributário

Maria Angélica dos Santos

Copyright © 2023 by Editora Letramento
Copyright © 2023 by Maria Angélica dos Santos

Diretor Editorial | **Gustavo Abreu**
Diretor Administrativo | **Júnior Gaudereto**
Diretor Financeiro | **Cláudio Macedo**
Logística | **Daniel Abreu**
Comunicação e Marketing | **Carol Pires**
Assistente Editorial | **Matteos Moreno e Maria Eduarda Paixão**
Designer Editorial | **Gustavo Zeferino e Luís Otávio Ferreira**
Imagem de capa | **Joaquín Torres García - América Invertida**

CONSELHO EDITORIAL JURÍDICO

Alessandra Mara de Freitas Silva
Alexandre Morais da Rosa
Bruno Miragem
Carlos María Cárcova
Cássio Augusto de Barros Brant
Cristian Kiefer da Silva
Cristiane Dupret
Edson Nakata Jr
Georges Abboud
Henderson Fürst

Henrique Garbellini Carnio
Henrique Júdice Magalhães
Leonardo Isaac Yarochewsky
Lucas Moraes Martins
Luiz Fernando do Vale de Almeida Guilherme
Nuno Miguel Branco de Sá Viana Rebelo
Onofre Alves Batista Júnior
Renata de Lima Rodrigues
Salah H. Khaled Jr
Willis Santiago Guerra Filho.

Todos os direitos reservados. Não é permitida a reprodução desta obra sem aprovação do Grupo Editorial Letramento.

Dados Internacionais de Catalogação na Publicação (CIP) de acordo com ISBD

S237t	Santos, Maria Angélica
	Tributação e raça: fabulações tributárias - uma imersão na teoria racial crítica do direito tributário / Maria Angélica Santos. - Belo Horizonte, MG : Casa do Direito, 2023.
	142 p. ; 14cm x 21cm.
	ISBN: 978-65-5932-287-9
	1. Direito. 2. Direito tributário. I. Titulo.
2023-251	CDD 341.39
	CDU 34:336.2

Elaborado por Vagner Rodolfo da Silva - CRB-8/9410

Índice para catálogo sistemático:
1. Direito tributário 341.39
2. Direito tributário 34:336.2

Rua Magnólia, 1086 | Bairro Caiçara
Belo Horizonte, Minas Gerais | CEP 30770-020
Telefone 31 3327-5771

CASA DO DIREITO
é o selo jurídico do Grupo
Editorial Letramento

editoraletramento.com.br ▲ contato@editoraletramento.com.br ▲ editoracasadodireito.com

Dedico este livro a meus filhos Arthur e Francisco, que um dia também estarão na academia.

Desejo que tenham muito mais professoras negras do que eu tive e que encontrem um sistema tributário nacional mais feminista e menos racista.

"*Quando eu soltar a minha voz,*
Por favor, entenda...
Que palavra por palavra eis aqui uma pessoa
Se entregando...
Coração na boca, peito aberto,
Vou sangrando...
São as lutas dessa nossa vida,
Que eu estou contando."

Sangrando - Canção de Gonzaguinha e Luiz Gonzaga
(com uma modificaçãozinha minha na última palavra)

sumário

11 INTRODUÇÃO

17 CAPÍTULO 1
O DEBATE TRIBUTÁRIO E O LUGAR DE FALA

29 CAPÍTULO 2
UMA REFLEXÃO SOBRE RAÇA E TRIBUTAÇÃO

43 CAPÍTULO 3
PENSANDO SOBRE JUSTIÇA, IGUALDADE E TRIBUTAÇÃO COMO UMA MULHER PRETA

55 CAPÍTULO 4
TRANSFORMAÇÃO SOCIAL E DIREITO TRIBUTÁRIO

65 CAPÍTULO 5
O USO DO SISTEMA TRIBUTÁRIO COMO INDUTOR DE DISCRIMINAÇÕES

75 CAPÍTULO 6
AS LIMITAÇÕES CONSTITUCIONAIS AO PODER DE TRIBUTAR E A QUESTÃO RACIAL

89 CAPÍTULO 7
TECENDO UM DIREITO TRIBUTÁRIO DECOLONIAL

101 CAPÍTULO 8
TENSIONANDO A PEDAGOGIA DO DIREITO TRIBUTÁRIO

113 CAPÍTULO 9
O PACTO NARCÍSICO DA BRANQUITUDE NO DEBATE TRIBUTÁRIO E A NECESSIDADE PREMENTE DE UMA INTERSECCIONALIDADE FISCAL

125 CAPÍTULO 10
DESAFIOS DE UM DIREITO TRIBUTÁRIO AFROFUTURISTA

135 CONCLUSÃO

137 REFERÊNCIAS BIBLIOGRÁFICAS

INTRODUÇÃO

O debate sobre tributação e raça ainda é incipiente no Brasil. Tenho me posicionado como uma das poucas vozes dedicadas a debater o tema nos espaços institucionais e a promover reflexões que enfrentam o assunto. Entretanto, observo resistência de tributaristas apegados a uma tradição que se estabeleceu sobre duas bases fundamentais, a primeira que diz que o direito tributário é um ambiente masculino e a segunda que defende que desigualdades abarcadas pela tributação estão atreladas a questões de classe, não de gênero e muito menos de raça.

A despeito das críticas e deslegitimações argumentativas que se apresentam, compreendo que qualquer avanço hermenêutico ou transformação de paradigma implica em um processo corajoso de tensionamento e de realocação de modos de pensar. Nesta direção, não me furto a empreender uma jornada que está interessada em estabelecer novas bases paradigmáticas para o direito tributário que precisa ser pensado, lido, ensinado e aplicado sobre outras premissas para além daquelas tradicionalmente dispostas e que cumpriram seu papel, mas que já não dão conta de resolver problemas que a modernidade estabeleceu como instransponíveis a não ser que se promova um giro epistemológico. No âmbito do direito tributário, entendo que este giro só acontecerá quando a análise se estabelecer sobre outras bases, mais humanísticas e comprometidas com as experiências tributárias dos corpos que sentem o peso das estruturas, mas que não são considerados para o diálogo e a construção de saberes coletivos e diversificados.

Este livro é o primeiro de um projeto que pretendo desenvolver para pensar a raça e a tributação, a raça no direito tributário e a raça na pedagogia do direito tributário. Nesta obra, portanto, começo estabelecendo alianças entre estes temas e empreendo um esforço para começar um movimento de aproximação para com essas abordagens ainda pouco exploradas no cenário nacional. Para tanto, trilharei um caminho diferente daquele tradicionalmente percorrido pelos tributaristas que vêm produzindo a vastidão de trabalhos sobre matéria tributária que se encontram disponíveis. Estes trabalhos, no entanto, se estabelecem sobre bases tradicionais, que se sustentam a partir de uma masculinidade tributária e de uma abordagem estritamente classista. Definitivamente, gênero e raça ainda não são naturalizados como eixos possíveis do debate travado por grandes tributaristas brasileiros(as) que se dedicam a construir a história do direito tributário brasileiro até aqui.

Desta feita, me interesso por apresentar um estudo do direito tributário a partir de outro eixo de reflexão. Nestes termos, considero importante estabelecer algumas premissas fundamentais para a compreensão dos saberes que se apresentarão nesta obra. Primeiro, pensar raça exige que consideremos também gênero. Segundo, pensar raça exige que consideremos também classe. Terceiro, pensar raça e tributação exige que consideremos corpos não-hegemônicos, ou seja, aqueles que estão margeando as relações de poder e que não decidem ou influenciam, mas que são os mais afetados pelas realidades que se estabelecem pelos corpos hegemônicos.

As reflexões que este livro pretende promover estão inseridas num debate que vem sendo nominado como *teoria racial crítica* e cuja origem está localizada nos intelectuais da nova esquerda americana e que começaram a costurar um modo de pensar que tensiona o ensino jurídico, o direito e todo o sistema de justiça norte-americano a partir das principais universidades daquele país.

Fortemente inspirado pelo trabalho da jurista negra estadunidense Patricia Williams[1], este meu projeto é um esforço

---

[1] Jurista negra norte-americana cujo pensamento tem contribuído para a consolidação de uma teoria racial crítica. Seus estudos e suas escolhas de pesquisa me atraem muito. Este ensaio é bastante inspirado no seu livro *The Alchemy of Race and Rights: diary of a law professor*, publicado em 1991, mas ainda sem tradução para o português.

para a produção de um debate em moldes semelhantes aqui no Brasil, partindo de experiências negras na academia, nas faculdades de direito, e trazendo digressões que precisam ser produzidas com criticidade e coragem.

A escolha por uma narrativa em primeira pessoa também não é algo frequente na escrita jurídica, que se pretende neutra e objetiva, mas vem se mostrando uma estratégia epistemológica eficiente para romper com a resistência do direito em se abrir para saberes localizados em outros lugares, que partam de outros modos de pensar e compreender o mundo.

Este trabalho traz minhas vivências como docente, como mulher, como negra, como mãe, como jurista e como periférica. Tudo muito misturado porque é a assim que somos e vamos nos fazendo, desfazendo e refazendo ao longo da vida, tanto pessoal quanto profissionalmente. Não dá para separar minha dimensão acadêmica do restante da minha existência. Há uma conexão, uma imbricação que precisa ser considerada e que se infiltra por todos os espaços em que pessoas interagem e produzem. O mesmo ocorre com as reflexões tributárias que se apresentarão sempre muito misturadas com as demais questões que integram nossas vidas e não se dissociam para pararmos e nos colocarmos no "modo tributarista". Pensar o direito tributário não deve ser uma tarefa higienista, que se desenvolve somente nas salas requintadas dos grandes escritórios ou nas bibliotecas imponentes dos tributaristas apegados à tradição e aos rituais. Não. Pensar o direito tributário precisa ser uma tarefa acessível para simples mortais, corpos que estão lidando com as implicações tributárias no dia a dia e que não devem se furtar a refletir sobre dilemas que estão mais próximos de suas realidades do que de quaisquer outros intelectuais tributaristas blindados por seus privilégios. Por isso, este livro promove uma aproximação simples entre temas de uma vida comum e tributação, exatamente com o intuito de provocar outras reflexões e demonstrar como tudo está fortemente amalgamado.

O que quero dizer, ao fundo e ao cabo, é que a realidade tributária é feita por pessoas. Mesmo parecendo muitas vezes que é a tributação (a estrutura do direito tributário, sua normatização, sua aplicação e todo o *modus operandi* tributário) que faz as pessoas serem, pensarem e produzirem de um determinado modo, são as pessoas que fazem a tributação ser como ela é. E se são as pessoas que fazem a tributação, há sentimentos, medos, desejos, aflições, alegrias, decepções, ansiedades, uma infinidade de querências e vivências que compõem a academia. Não podemos desconsiderar isso.

Há, para além dos inúmeros debates que pretendo provocar, uma armadilha escondida nas entrelinhas do texto, um segredo que se revela e se esconde a todo instante. Evidencio um fetiche pela academia e pelo direito tributário, uma relação de sedução e atração que corpos dissidentes nutrem ao mesmo tempo em que abafam. No caso do direito tributário este fetiche possui fortes relações com o poder que emana dos saberes privilegiados que este estudo comporta. Ser tributarista significa, como costumam dizer à boca miúda, saber lidar com complexidades que não estão por aí dadas com facilidade para todo mundo. Este será, provavelmente, um dos argumentos mais utilizados para criticar esta obra, alegando simplicidade excessiva, ausência de profundidade, mistura de temas que aparentemente não se conectam com a matéria tributária. Estas críticas que prenuncio estarão embebidas por uma tradição higienista do direito tributário, cuja estratégia de afastamento do simples, da linguagem acessível, do cotidiano é aplicada como se fosse a única estratégia possível para se pensar o direito tributário. Neste livro defendo exatamente o contrário: abordagens simples, uso de linguagem compreensível, relatos tributários que partem do cotidiano, dentre outras estratégias epistemológicas disruptivas, funcionam para se pensar o direito tributário a partir de outros ângulos, pouco explorados até então, mas de fundamental importância para que se dê a este ramo do direito a real dimensão que ele alcança na vida das pessoas que integram a nossa sociedade.

Este livro, como o primeiro de uma sequência de estudos que pretendo empreender, dialoga muito fortemente com a pedagogia do direito tributário e se constrói a partir de reflexões de uma professora negra na academia. A academia é, portanto, o ponto de partida para as reflexões que apresento nesta obra. As relações que desenvolvo e estabeleço com as vivências acadêmicas serão, assim, uma espécie de exposição radiográfica das microvivências que representam experiências sociais que estão imersas em tributação.

Vale destacar que há nesta obra uma dimensão de pertença que a academia me convida a compreender. Ao mesmo tempo em que quero me apropriar do espaço acadêmico, também quero que ela se aproprie de mim, me integre, me engula como diria bell hooks. Quero pertencer, ser possuída pela academia. Ao mesmo tempo em que desejo que ela seja engolida por mim. Uma relação que eleva o termo "pertencimento", com o qual dialogo a partir de bell hooks[2] para outro nível de reflexão. Um pertencimento que diz respeito a posse. Há um desejo deste meu corpo, que não é frequentemente aceito no espaço acadêmico, de possuir e ser possuído pela academia. Da mesma forma como ocorre com o direito tributário, que está a um passo de ser compreendido, mas que nunca o é perfeitamente por corpos que não integram o *mainstream*. O desejo de saber, de entender, e de interferir em questões tributárias é um ponto de inflexão neste livro.

Este ponto de inflexão é também a revelação de uma armadilha da modernidade, a medida em que exige o cuidado de não se deixar corromper para pertencer. O que quero dizer com isso é que o direito tributário em seus moldes tradicio-

---

[2] Pensadora estadunidense de grande relevância no debate feminista negro. Muitas de suas obras estão disponíveis em português. Seu trabalho me inspira profundamente, sendo a autora com a qual mais tenho dialogado em meus exercícios de escrita.

nais vai querer te capturar a todo instante, te mostrando que não precisa saber mais do que prega a tradição, que não precisa se enveredar por digressões que inovem demais, obras que introduzem storytelling na tributação; que não há necessidade alguma de se pensar tributação e raça porque pensar classe já dá conta de resolver os problemas. Enfim, mil argumentos contrários ao movimento que este livro te convida a promover. É preciso ter atenção a todo instante para que o desejo pela academia, pelo domínio do direito tributário, não conduza à aceitação e reprodução acrítica do discurso hegemônico que as elites que o dominam promovem sem cessar.

Boa leitura!

CAPÍTULO 1
O DEBATE TRIBUTÁRIO E O LUGAR DE FALA

(UMA FLOR NO ASFALTO)

Acordo cedo, faço um café e me sento em frente ao computador para dar sequência à preparação do meu próximo semestre letivo. Na próxima semana iniciam-se as aulas na faculdade de direito em que leciono há alguns anos. Preparo e reviso meu plano de trabalho da disciplina de direito tributário. Na verdade, este é um momento de colocar no papel todo o esforço de pesquisa e reflexão que fiz durante boa parte das férias, pois o trabalho de professora é incessante e requer muito mais que conhecimento, demanda tempo e energia vital.

Embora lecione há anos este conteúdo, de uns tempos para cá minhas aulas não têm dado conta de dissolver os incômodos internos que a temática me provoca. Não que elas não sejam boas, elas são. Meus alunos e alunas estão satisfeitos. Na verdade, quem não está satisfeita sou eu. Estou uma tributarista insatisfeita e isso me torna uma professora muito inquieta. Atribuo esta inquietação pessoal ao aprofundamento acentuado de meus estudos sobre feminismo negro e teoria racial crítica.

Sim eu sou feminista. Sou uma feminista negra. Sou uma jurista, feminista e negra. Explicitar esta minha localização discursiva é fundamental para o debate tributário que pretendo desenvolver, seja na academia ou fora dela. Por isso, é importante esclarecer que ao se ocupar da localização do falante (lugar de fala), a teoria do lugar de fala permite que se compreenda como são distintas as posições sociais dos corpos e que há corpos privilegiados e outros desprivilegiados.

Do mesmo modo, a partir desta teoria do lugar de fala, que está interessada em discutir voz e perspectiva, é possível se compreender como há posições díspares e quais são as circunstâncias que geraram essas disparidades. Daí se permite, então, o avanço para um outro momento, que implica em promover deslocamentos nessas posições. Então, quem está em uma posição privilegiada passa a ser esclarecido da necessidade de arredar um pouco para abrir espaço para quem está em uma posição desprivilegiada. Por que isso é necessário? Porque geralmente quem está mal posicionado socialmente tem menos oportunidades de falar por si. Na seara jurídica este é um problema bastante grave pois pode impactar na materialização de direitos e garantias fundamentais.

Diante do computador me catapulto para divagações profundas. É inevitável. Sempre que começo a estudar entro por um túnel de conteúdo, normas e memórias. Não consigo pensar o direito de outra forma, sem fazê-lo passar por mim, pelas minhas vivências e experimentações existenciais.

Minha mãe foi costureira em boa parte da vida. Aprendeu novinha e conseguiu complementar a renda de professora com a costura por muitas décadas. Me recordo de vê-la até a madrugada na máquina de costuras.

A casa vivia sempre cheia de clientes de todas as idades, tamanhos e cores, mas a maioria de sua clientela era composta por mulheres brancas. Professoras, secretárias, diretoras das escolas em que minha mãe lecionava. A costura era sua segunda profissão. Durante o dia ela dava aulas para o ensino infantil e fundamental. Lecionava de dia e costurava de noite e aos finais de semana.

Eu era criança na época, mas me lembro firmemente de nutrir um encanto por sua profissão de costureira, porque era um tempo em que tinha minha mãe em casa e também tinha a chance de ver pessoas e seus corpos brancos, portanto diferentes do meu, expostos de múltiplas formas.

Às vezes era preciso fazer muitas provas antes da roupa ficar pronta, principalmente quando era um modelo mais elaborado. Poderia precisar de uma pence, uma alheta, uma prega para ajustar direitinho ao gosto e necessidade da cliente.

Me lembro bem como era exaustiva a feitura de vestidos para festas, os chamados vestidos finos. Mais desgastante ainda era a confecção de vestidos de noivas. Era um pesadelo para a costureira pensar nos muitos ajustes que seria necessário fazer. Não digo somente pelos apertos e pregas, estes eram os mais simples. O maior sufoco ocorria mesmo quando o tensionamento vinha de dentro para fora, ou seja, quando a noiva perdia suas medidas iniciais e as redefinia para mais. Algo muito comum, dada a ansiedade que a situação toda do casório causa.

Minha mãe já precisou dar por perdido um vestido de noiva praticamente pronto de tanto que a noiva tinha se afastado das medidas iniciais desde a última prova até as vésperas da cerimônia. Quando a moça foi experimentar, o vestido não fechava de jeito nenhum. Foi um desespero para ela e para a costureira. Por mais que minha mãe tentasse não havia o que ser feito porque mesmo podendo refazer a costura, o tecido não era suficiente para a expansão. Foi preciso fazer outro.

Me recordo de ouvi-la comentar que apertar de fora para dentro era infinitamente mais fácil do que quando o aperto vinha de dentro para fora.

Penso em como estes ensinamentos permeiam minha realidade atual de professora negra em uma faculdade de direito fortemente marcada por um ensino colonialista. Reflito sobre como minha presença negra na academia força e tensiona de dentro para fora e o quão incômodo deve ser este efeito para quem construiu e herdou este santuário do saber e se comprometeu a mantê-lo puro, límpido e cristalino; intocado e incólume frente aqueles para os quais aquele lugar não foi construído.

Eu, uma professora e jurista negra, sou o tensionamento materializado em carne e sangue, um tensionamento encarnado. A noiva do vestido apertado, a pedra no sapato elegante da branquitude intelectualizada.

Me preocupa como nossos corpos que tensionam espaços de poder dominados há séculos por corpos hegemônicos são incompreendidos. Os dados e as histórias de outras mulheres negras como eu demonstram que a reação mais comum à presença destes corpos é repeli-los. Essas mulheres, que somos nós, são mortas ou silenciadas de outras formas. São apequenadas ou invisibilizadas com mais frequência do que dou conta de relatar. As academias e seus acadêmicos não são como as costureiras que, dispostas a resolver o problema da noiva fazem um novo vestido. A academia não está interessada em se refazer. Os acadêmicos não parecem muito interessados em abrir mão do que não serve mais e recomeçar com uma nova roupagem.

Nessa semana um instituto de pesquisas sobre gênero e raça abriu uma vaga para uma pesquisadora negra. Me inscrevi. Dias depois li uma mensagem em um dos meus grupos sociais e lá dizia que mais de seiscentas mulheres se inscreveram para a vaga. Fico pensando em como somos muitas, mas como ainda fazem pouco de nós, pesquisadoras e intelectuais negras. Me pergunto em quantos espaços nossos corpos que tensionam terão acesso e oportunidades. Preferem nos expurgar da academia, não fazem esforços para nos manter lá seja como docentes ou em programas de pós-graduação. Podemos dizer que nos últimos anos tem havido uma mudança, as políticas afirmativas de inclusão em instituições de ensino superior já conseguem produzir resultados satisfatórios. Mas ainda há muito o que se fazer. Me olho e reflito sobre mim, minha docência e minha potência. Tenho certeza de que fui sub-representada em todas as instituições por onde passei, fosse como aluna ou como professora.

Reflito sobre isso enquanto separo o material que pretendo usar na minha aula de direito tributário nesta noite. O semestre já está a todo vapor. Como conseguirei mostrar às minhas alunas e alunos que embora sejamos mais da metade dos corpos tributados, ainda somos lidas pelo sistema tributário nacional como se fôssemos todas homens brancos ricos? Pior, por que a tributação que recai sobre corpos negros e periféricos é mais opressiva do que se fôssemos homens brancos? Porque a lógica regressiva da tributação, que onera sobremodo o consumo, ainda é mais perversa sobre corpos que só consomem, que consomem toda a pequena renda que auferem na aquisição de itens básicos de sobrevivência, como alimentação e itens de higiene pessoal.

Penso em como vou demonstrar e defender este argumento, que vejo e sinto na pele materializado todos os instantes, mas cujos órgãos de controle não se interessam o suficiente em pesquisar e acumular dados que são fundamentais para provar com robustez os fatos da vida que percebo no dia a dia. Quase não há pesquisas sobre o impacto da tributação sobre corpos negros e periféricos no Brasil. O marcador de raça há pouco passou a ser levado em consideração em pesquisas de órgãos que se dedicam às questões fiscais.

Discutir o atravessamento da raça pela tributação tem emergido como ponto de debate nos últimos anos, mas ainda de modo pouco proeminente. A exiguidade de dados pode ser um desencorajamento importante para os estudos que pretendo desenvolver com minhas alunas e alunos. Terei que pensar em novas estratégias metodológicas e me valer de uma outra didática para aproximar o direito tributário do local de enunciação de meus interlocutores discentes.

No cenário estritamente jurídico, a interlocução entre tributação e justiça distributiva já se acentua com relativo conforto no ambiente fiscal. Autores abstrativistas como John Rawls[3] tomam conta dos debates. O mesmo Rawls que em seu exercício

---

3 Teórico liberal-igualitário norte-americano cujas obras são bastante estudadas nas escolas brasileiras de ensino jurídico, sobretudo nas

docente dizia não estar interessado em discutir problemas concretos, mas sim em desenvolver uma teoria alheia aos debates que a realidade impõe. Me pergunto como isso seria possível.

Fui letrada no ensino jurídico do direito tributário numa interlocução da justiça tributária brasileira com a teoria de justiça rawlsiana e aprendi que este era o único caminho viável. Que fora disso não haveria salvação. Mas também aprendi que aquele debate não era para mim, eu não estava autorizada a dialogar com aquele autor estadunidense. Sim, isso mesmo. Ouvi no programa de pós-graduação em que me doutorei, quando tinha acabado de me graduar, que estudar o pensamento daquele tal filósofo era uma empreitada que eu não daria conta de cumprir. Foi a professora de direito tributário que me alertou. Ela não disse que meu corpo negro não daria conta. Mas, no final de todas as contas, era bem isso que ela queria dizer, protegendo seu santuário acadêmico da minha presença perturbadora.

Este foi um gatilho que me impeliu a um estudo sistemático da obra do referido autor, um liberal igualitário, categoria que hoje me vem à baila com profunda desconfiança. Mas confesso, não sou mais aquela menina recém-graduada que aceita calada ser humilhada pela professora experiente. Também não sou mais aquela que aceita estudar qualquer teórico renomado só porque está na moda. A minha moda agora sou eu quem faço.

Nestes moldes, posso definir minha trajetória no direito tributário como uma aventura com, contra e agora para além de Rawls. Num primeiro momento, estive com ele, caminhando *pari passu* com a teoria rawlsiana. Depois, passei a me incomodar com o pensamento abstrativista e desprendido da realidade que a teoria rawlsiana propõe. Em um artigo recente que escrevi abri um tópico para pautar o debate da obra de Rawls por intelectuais negras. Faço ali um último esforço de compatibilizar Rawls com o debate concreto que ancora meu pensamento feminista negro atual. Mas ao término deste esforço percebo

---

disciplinas de direito tributário quando se abordam teorias de justiça e distribuição de riquezas.

tratar-se de uma incompatibilidade incontornável. John Rawls e sua teoria abstrativista de justiça não dão conta de resolver nossos dilemas tão concretos de desigualdades na distribuição de riquezas. As injustiças distributivas que nos acometem demandam teorias preocupadas com o real, com o concreto, com o que está no mundo, com o mundano. A teoria rawlsiana não dá conta do mundano. É preciso mais.

Por isso, na minha jornada no direito tributário, temporizo meu percurso intelectual em uma linha do tempo que começa *com*, depois se torna *contra* e agora segue para *além* de Rawls. Hoje me distancio da teoria rawlsiana e me desloco para além, num movimento de ancoragem do meu pensamento como tributarista negra em uma construção argumentativa outra, marcada pela importância do debate racial para a compreensão do mundo.

Hoje me aproximo da concretude dos debates filosóficos desenvolvidos pelo feminismo negro e pela teoria racial crítica. Busco saberes outros que deem conta de uma justiça distributiva que considere raça, gênero, classe e tributação. Busco um pensamento que corporifique os dilemas de corpos periféricos e se importe com uma ideia concreta de justiça.

Ancoro meu pensamento para além de Rawls. Fixo minha compreensão jurídica numa interlocução profunda com a teoria feminista negra e com uma teoria racial crítica suleada, como nomino em minha tese[4]. Deve haver uma teoria de justiça que dê conta de dialogar com os anseios de uma sociedade marcada pela dominação colonial e pela desigualdade e violência. Sigo procurando.

---

[4] Tese de doutoramento *E eu não sou uma jurista? Reflexões de uma jurista negra sobre direito, ensino jurídico e sistema de justiça.*

Como estratégia docente, opto por ilustrar este meu ponto de vista a respeito da dimensão abstrata e da realidade tributária através de uma reflexão sobre o veto à distribuição gratuita de absorventes e a sua repercussão sobre as empresas e a sociedade. Inicio minha aula contextualizando o tema que irei discutir. O objetivo é demonstrar que questões tributárias ultrapassam uma dimensão meramente teórica e alcançam a vida real das pessoas: no dia 07 de outubro de 2021, virou assunto nacional que o Chefe do Poder Executivo Federal vetou parcialmente o Projeto de Lei 4.968/2019, que foi transformado na Lei 14.214/2021. O referido Projeto de Lei teve vetados todos os dispositivos que garantiam a oferta gratuita de absorventes higiênicos femininos.

As implicações do veto não dizem respeito somente a uma questão pontual de escolha por ignorar demandas femininas. Trata-se de uma decisão que impacta a saúde pública nacional, mas não só. Este veto compromete a promoção de bem-estar para grupos sociais vulneráveis e impacta o acesso à educação de meninas e mulheres que sofrem com a pobreza menstrual. Mas, não é só.

O veto sob análise impacta toda a sociedade, ao se deixar espalhar um sangue derramado por condições biológicas incontornáveis e que acaba por restringir não só a circulação dessas pessoas nas cidades, mas também compromete a geração de renda por famílias chefiadas por mulheres que sobrevivem com dificuldades. Além disso, há uma redução da mobilidade socioeconômica para corpos que menstruam e que deixam de empreender por conta da pobreza menstrual, o que dificulta o acesso ao mercado e, portanto, afeta a geração de riquezas como um todo.

A opção por deixar o sangue derramando se espalhar é a escolha por um caminho que não considera os corpos que estão mais vulneráveis socialmente. É a opção pela miserabilidade social.

Quando o Projeto de Lei 4.968/2019 tem partes de seu texto vetado, este movimento não encontra respaldo nem mesmo na Lei de Responsabilidade Fiscal, tendo em vista que o projeto observa os requisitos previstos naquela legislação. Não há, portanto, respaldo jurídico que legitime a escolha por deixar o sangue derramado se espalhar.

A distribuição gratuita de absorventes para mulheres em condição de vulnerabilidade socioeconômica precisa ser pensada, inclusive em sua dimensão mais ampla, alcançando todos os corpos com útero. Esta constatação, embora ultrapasse o escopo do próprio projeto de lei em análise, é fundamental para que se efetive a superação real da pobreza menstrual em nosso país. Neste sentido, ainda precisamos avançar no debate, que é fundamental.

A pobreza menstrual é assunto que diz respeito a toda a sociedade que se pretende democrática e justa. Trata-se de uma questão que impacta a economia e a política. As mulheres que menstruam e que são acometidas por pobreza menstrual não possuem recursos para comprar absorventes e acabam se valendo de estratégias precárias para enfrentar essa condição biológica. Papéis, pedaços de pão, panos, dentre outros, são alguns dos paliativos utilizados para este período. Muitas meninas deixam de frequentar a escola por conta do período menstrual e da falta de recursos para adquirirem absorventes íntimos. Muitas mulheres deixam de realizar atividades profissionais pela mesma escassez de itens de higiene pessoal. Dentre essas mulheres, muitas são empreendedoras e afroempreendedoras que deixam de produzir e levar sustento para suas casas por causa da pobreza menstrual.

Neste grupo diretamente atingido pela precariedade das condições menstruais, o maior percentual é composto por meninas negras, sendo essas as que mais sofrem com os impactos acumulativos da ausência das demais políticas públicas que poderiam impactar positivamente a saúde menstrual, como o acesso à água, a saneamento básico, à coleta de lixo e à energia elétrica.

Este cenário torna o problema ainda mais agudo ao dificultar o acesso à educação para essa parcela da população negra e repercutir em uma imobilidade social ainda mais exacerbada para um grupo já fortemente oprimido e que, há séculos, experiencia condições sanitárias que tornam esta coletividade ainda mais vulnerável social e economicamente. A pobreza menstrual também é uma questão racial.

Então, deixar que o sangue derramado se espalhe implica em deixar que meninas e mulheres negras sigam oprimidas por marcadores de raça, gênero e classe e que não consigam buscar alternativas que as retirem do lugar de miserabilidade em que muitas delas se encontram. As pesquisas seguem demonstrando, como demonstra o Relatório UNICEF-UNFPA[5], que a pobreza menstrual acomete prioritariamente corpos negros. São estes os corpos que estão mais vulneráveis economicamente e são os que possuem menores chances de se moverem na pirâmide social.

A dignidade feminina, em sua dimensão mais básica, é desconsiderada e deixada jorrar pelos ralos do poder político que insiste em priorizar a morte, a miséria e a depauperação social. A escolha por deixar o sangue derramado se espalhar cada vez mais é uma escolha essencialmente política e que reverbera por todas as camadas sociais, ao se ter em mente que as limitações sanitárias de corpos que menstruam impactam sobre diversas áreas, inclusive sobre o mercado – que deixa de contar com mão-de-obra e produtividade.

A derrubada do veto tem sido alvo de intensas mobilizações de mais de setenta organizações nacionais importantes, dentre elas a OAB – Ordem dos Advogados do Brasil. Essas entidades consideram juridicamente viável a derrubada do veto do Chefe do Poder Executivo Federal, tendo em conta sua incoerência frente aos preceitos constitucionais e à legislação vigente.

A dignidade menstrual precisa estar no horizonte de toda a sociedade, inclusive de empresários e empresas nacionais. A pobreza menstrual vem colocando o Brasil no radar internacional e empurrando o debate para a ordem econômica de forma incontornável. Os corpos que menstruam também produzem economicamente, também movimentam o mercado e são ativos politicamente.

---

5 Pobreza menstrual no Brasil – Desigualdades e violações de direitos. Relatório UNICEF-UNFPA. Maio: 2021. Disponível em: https://www.unicef.org/brazil/relatorios/pobreza-menstrual-no-brasil-desigualdade-e-violacoes-de-direitos , acesso em 7 out. 2021.

As micro e pequenas empresas, sobretudo aquelas que agregam em seus quadros corpos que menstruam ou que possuem como público consumidor estes mesmos corpos, precisam se compreender como integrantes interessadas num debate que envolve toda a sociedade. Os corpos que menstruam também consomem outros produtos e, portanto, quanto mais dignos estes corpos forem, melhores serão suas condições de consumir mais e de movimentar o mercado de outras formas. Quanto menos pessoas em condição de pobreza, melhor o cenário para o desenvolvimento de negócios e maiores as chances de sucesso para todo o setor empresarial.

Não se trata, portanto, somente de uma simples questão de distribuição gratuita de absorventes. Há toda uma sociedade afetada pela pobreza menstrual. Mesmo os corpos que não menstruam são afetados pelo sangue derramado e espalhado. Quando uma camada significativa da sociedade sangra, há respingos que atingem a todos. No caso da pobreza menstrual, a mancha toma conta de todo o país, marcando a política, a economia e as relações sociais. É preciso estancar este sangramento da forma devida e isso é urgente.

Ao término da aula, as alunas estão mais interessadas do que quando iniciei a exposição do tema. Os alunos me olham desconfiados, mas parecem ter compreendido a importância do debate para uma maior humanização do direito tributário.

Minhas leituras sobre feminismo negro têm me direcionado para outros modos de compreender e pensar o direito tributário. Este é um deslocamento que se dá em minha conformação intelectual de forma bastante intuitiva, pois não consigo despregar o que aprendo e o que ensino da realidade em que estou inserida. E vivo num espaço que atravessa a periferia e a academia, sou um ser híbrido que sente necessidade de aproximar teoria e prática, talvez seja essa a minha maior afinidade com as teorias feministas negras, que se esforçam por promover esta mesma aproximação. E sou como essas mulheres negras que teorizam, sou como elas, sou uma delas.

Decido apresentar à minha turma de direito tributário deste semestre uma outra teoria de justiça. Não consigo mais alinhar o direito tributário crítico que ensino com as tradicionais concepções de justiça dos cânones que a academia reifica. Preciso de mais para reconfigurar o conteúdo e promover o giro tributário que me interessa.

Defendo um direito tributário crítico, pautado em teorias que se comprometam com uma dissecação da realidade e ofereçam alternativas lúcidas de transformação social real e factível. Para isso, construo um sistema tributário feminista, decolonial[6], inclusivo e antidiscriminatório. Neste esforço, convido para dialogar comigo teorias que rompam com os cânones e desloquem o olhar para reflexões diferentes. As feministas negras me oferecem exatamente o que procuro. Decido apresentar Patricia Hill Collins[7] para minhas alunas e alunos e articular seus estudos como espinha dorsal de minha disciplina neste semestre.

Está decidido, estabelecerei um diálogo entre direito tributário e pensamento feminista negro a partir das reflexões da autora negra estadunidense. Trabalharei trechos de sua obra *Pensamento Feminista Negro* articulando-os com os conteúdos apresentados na ementa tradicional que a instituição me impõe. Espero conseguir ensinar tributação sobre uma perspectiva crítica, decolonial e disruptiva neste semestre. Estou animada e esperançosa.

Anoitece. Meu dia foi todo entre preparação de aulas, divagações angustiantes e comida de preparo rápido. Sou uma professora negra faminta.

---

[6] Retomo este assunto com mais atenção no Episódio 7 e nas notas de rodapé 9 e 10.

[7] Socióloga e ativista negra estadunidense que se dedica aos estudos do pensamento feminista negro. Seus trabalhos contribuem fortemente para a compreensão do movimento feminista negro, suas imbricações e complexidades. A pensadora possui muitos artigos e livros publicados, inclusive com algumas traduções para o português.

CAPÍTULO 2
UMA REFLEXÃO SOBRE RAÇA E TRIBUTAÇÃO[8]

(A DOR QUE NUNCA CESSA)

Pensar a questão racial é se dispor a compreender as relações que permeiam a vida em sociedade. Embora a raça tenha se constituído como um conceito que carrega forte carga fenotípica, o seu assento está, sobretudo na conformação das relações que se estabelecem nas sociedades. Raça é um elemento relacional, ou seja, deriva das relações estabelecidas social, política, economicamente e culturalmente[9]. Deste modo, embora biologicamente haja poucas e irrelevantes distinções entre os corpos que compõem a raça humana, em termos sociais e políticos o elemento "raça" é importante e até mesmo determinante para se compreender o modo como as sociedades se articulam em torno do poder.

No Brasil, perduram resquícios de um mito fundador que considera as estruturas sociais, políticas, econômicas e normativas harmonizadas em torno de uma denominada democracia racial. O mito da democracia racial, foi impul-

---

[8] A relação estabelecida neste texto entre raça e tributação considera os pressupostos desenvolvidos pela Critical Race Theory, termo cuja tradução utilizada será Teoria Racial Crítica, e seus estudos envolvendo raça, racismo e poder.

[9] Francisco Bethencourt esclarece que "a instabilidade do termo 'raça' prova que a sua classificação reflete o contexto histórico, em vez de defini-lo" (BETHENCOURT, 2018, p.30). Neste sentido, compreende-se a raça como uma construção social, podendo variar histórica, cultural e politicamente. BETHENCOURT, Francisco. Racismos: Das Cruzadas ao século XX. São Paulo: Companhia das Letras, 2018.

sionado no século XIX por quatro fatores, quais sejam: 1 – a literatura produzida pelos viajantes que visitaram o país; 2 – a produção da elite intelectual e política; 3 – a direção do movimento abolicionista institucionalizado; e 4 – o processo de mestiçagem.[10]

Além dos fatores dispostos acima, há uma catalização do processo de consolidação do mito através do pensamento de Gilberto Freyre, que estabelece possibilidades de construção de uma sociedade brasileira promissora, forte e capaz de empreender estratégias de superação de diferenças étnicas incontornáveis entre os grupos envolvidos no processo de colonização – brancos, negros e indígenas. Referindo-se à racionalização teórica desenvolvida por Gilberto Freyre, Petrônio Domingues explica que:

> Ao racionalizar teoricamente o que *a posteriori* foi chamado de "democracia racial", Gilberto Freyre, na obra *Casa-Grande & Senzala*, de 1933, catalisou os fundamentos de um mito construído historicamente pela classe dominante, contudo aceito, no geral, por camadas das demais classes sociais e, em particular, por um setor da população negra. O lançamento de *Casa-Grande & Senzala* teve menos importância pela originalidade das proposições colocadas e mais pela capacidade de canalizar a representação popularizada das relações entre negros e brancos do país e transformá-la na ideologia racial oficial.[11]

Numa democracia racial, como passou-se a compreender nossa sociedade a partir do século XX, as relações estabelecidas entre os grupos sociais ocorreriam dentro de uma lógica de miscigenação igualitária, ou seja, o processo de mistura

---

10 DOMINGUES, Petrônio. O mito da democracia racial e a mestiçagem no Brasil (1889-1930). Diálogos Lationamericanos, número 010. Universidad de Aarhus. Red de Revistas Científicas de América Latina y el Caribe, España y Portugal, 2005.

11 DOMINGUES, Petrônio. O mito da democracia racial e a mestiçagem no Brasil (1889-1930). Diálogos Lationamericanos, número 010. Universidad de Aarhus. Red de Revistas Científicas de América Latina y el Caribe, España y Portugal, 2005.

entre as raças diluiria quaisquer preconceitos ou dilemas que pudessem se estabelecer em decorrência de distinções raciais. Este pensamento se fortaleceu e espraiou culturalmente de modo a silenciar o debate sobre raça e a desconsiderar a existência de racismos, haja vista a relação harmônica e saudável que se estabeleceu com base no mito fundador de nossa sociedade.

Não se pode ignorar, entretanto, que todos os corpos são racializados, pois este processo implica no estabelecimento de parâmetros comparativos benéficos a um grupo e prejudiciais a outro. Deste modo, ao se estabelecer um corpo como negro, por exemplo, emerge desta construção um parâmetro que opõe a este corpo negro um outro, o branco. As disputas de poder[12] que estruturam as sociedades modernas são impulsionadas por uma hierarquização destes corpos tomando por base a raça. Dentro desta lógica, na sociedade brasileira atual há corpos racialmente privilegiados – os brancos. Em contraposição, há aqueles corpos que são racialmente prejudicados – os negros. A esta articulação hierarquizada de corpos a partir da raça dá-se o nome de racismo. Sérgio Costa contribui bastante para a compreensão deste fenômeno da modernidade[13] ao estabelecer que:

---

12 A *tese da racialização diferencial*, defendida nos estudos da Teoria Racial Crítica, se conecta bastante à análise proposta neste texto, pois considera "os modos como a sociedade dominante racializa diferentes grupos minoritários em diferentes circunstâncias em função de necessidades que se modificam (…)". DELGADO, Richard; STEFANCIC, Jean. Teoria crítica da raça: uma introdução. São Paulo: Editora Contracorrente, 2021, p.34.

13 Neste texto, aplica-se a compreensão de "modernidade" como uma narrativa complexa que constrói a civilização ocidental e que possui como lado escuro a "colonialidade", conforme defende Walter Mignolo em consonância com os estudos desenvolvidos pelo Grupo de Estudos Modernidade/Colonialidade. MIGNOLO, Walter. Colonialidade: o lado mais escuro da modernidade. Revista Brasileira de Ciências Sociais, Vol. 32, nº 94, junho/2017.

> O racismo corresponde à suposição de uma hierarquia qualitativa entre os seres humanos, os quais são classificados em diferentes grupos imaginários, a partir de marcas corporais arbitrariamente selecionadas. Essa hierarquização apresenta tanto consequências socioeconômicas quanto político-culturais. As primeiras dizem respeito ao surgimento de uma estrutura de oportunidades desigual, de tal sorte que aqueles a quem se atribui uma posição inferior na hierarquia racial imaginada são sistematicamente desfavorecidos na competição social, cabendo-lhes os piores postos de trabalhos, salários proporcionalmente menores, dificuldades de acesso ao sistema de formação escolar e profissional, etc.[14]

Em 2019, o IBGE divulgou pesquisa sobre desigualdades por raça no Brasil. Nesta pesquisa evidenciou-se que no mercado de trabalho, 68,6% dos cargos gerenciais são ocupados por corpos brancos, enquanto 29,9% são ocupados por corpos negros. Com relação à distribuição de renda e condições de moradia, em 2018, 32,9% de corpos negros tinha renda inferior a US$ 5,50/dia, contra 15,4% de corpos brancos nas mesmas condições. Dentre os que vivem com renda inferior a US$ 1,90/dia 8,8% são corpos negros, contra 3,6% de corpos brancos nas mesmas condições. Quanto à violência sofrida, a maioria dos homicídios são contra corpos negros, tanto masculinos quanto femininos. Na educação, as taxas de analfabetismo também são maiores entre negros.[15]

O grupo racialmente prejudicado na sociedade brasileira, formado por corpos negros, é o grupo mais vulnerável à tributação porque, inclusive, já precisou vivenciar a experiência tributária na condição de coisa. A superação do processo de coisificação do corpo negro também possui implicações tributárias, cujo sistema necessitou reformular-se para acolher a transição de *status* de negros e negras de coisa para sujeito.

---

[14] COSTA, Sérgio. Dois Atlânticos: teoria social, anti-racismo, cosmopolitismo. Belo Horizonte: Editora UFMG, 2006, p.11.

[15] Disponível em https://biblioteca.ibge.gov.br/visualizacao/livros/liv101681_informativo.pdf, acesso em 24/10/2021.

O processo de coisificação do corpo negro vem mencionado na obra organizada por Lilia M.Schwarcz e Flávio Gomes, quando narram que:

> Não por coincidência os cativos apareciam nos inventários de senhores e traficantes como "bens" – bens semoventes – que podiam ser vendidos, comprados e alugados. O local onde se exercia tal comércio era o mercado de escravos, onde se acumulavam e se expunham os africanos recém-chegados. Desde homens e mulheres abastados até pequenos proprietários possuíam escravos. (...) Outros proprietários penhoravam escravos, deixavam cativos como herança para familiares, doavam africanos como presentes para afilhados.[16]

Sendo o racismo uma estratégia de hierarquização social que toma como base a raça, ao se considerar que não há diferenças raciais no Brasil não seria possível se falar em racismo, ou mesmo em racismos diversos, tendo em conta não haver distinções significativas que diferenciassem os corpos equiparados pelo processo de miscigenação.

Dentro dessa lógica de democracia racial, a estrutura normativa do país foi se consolidando sempre em consonância com um discurso de silenciamento de quaisquer ruídos que pudessem conduzir para a constatação de que, na verdade, a sociedade brasileira não se constitui em uma democracia racial e muito menos desconsidera o elemento "raça" para conformar suas relações públicas e privadas. Muito pelo contrário, e como os dados demonstram, existe racismo no Brasil. O racismo no Brasil não deixou de existir em nenhum momento sequer, sempre determinando os processos de hierarquização social, política e econômica.

Neste sentido, quando se organizam as normas que irão conduzir a sociedade brasileira, embora haja um discurso que defenda a neutralidade impositiva sobre os corpos em que elas recaem, este discurso busca validade no mito da de-

---

[16] Dicionário da escravidão e liberdade: 50 textos críticos/ Lilia Moritz Schwarcz e Flávio dos Santos Gomes (Orgs.). – 1ª ed. – São Paulo: Companhia das Letras, 2018, p.34 e 35.

mocracia racial que ainda encontra guarida em nossa sociedade. Porém, do mesmo modo como o próprio mito fundador não se sustenta, o argumento de neutralidade normativa também não se valida diante da realidade brasileira.

Trazendo o debate para o campo do Direito Tributário, quando a Constituição da República Federativa do Brasil de 1988 estabelece um Sistema Tributário Nacional e esquematiza uma série de limitações constitucionais a este poder de tributar, tem-se o desenho de um arcabouço normativo que se pretende neutro, mas que, na prática, acaba sendo conduzido por uma lógica que silencia desigualdades raciais importantes e que exigiriam uma complexificação normativa que se dispusesse a colocar a raça como elemento central no debate tributário.

A compreensão da inexistência de uma democracia racial no Brasil, implica na necessidade de se ter um olhar mais realista para o Sistema Tributário Nacional e para uma neutralidade sistêmica defendida como possibilidade de materialização de justiça fiscal[17]. Esta necessidade se estabelece ao se constatar que se não há uma democracia racial que embase as relações sociais, políticas, culturais e econômicas no país, também não há como se garantir justiça fiscal através de uma neutralidade da tributação que desconsidere diferenças raciais estruturantes e práticas racistas estruturais[18] da sociedade brasileira.

Em pesquisa de 2019, a OXFAM Brasil revelou que 1% mais rico da população brasileira ganha 72 duas vezes mais que os 50% mais pobres.

---

[17] Essa categoria é trabalhada neste texto como sendo aquela que materializa efetivamente *igualdade de resultados* dentro da sociedade. Permitindo que haja mobilidade vertical ascendente na pirâmide social para os grupos que ocupam a base, sendo estes grupos compostos sobretudo por corpos negros.

[18] As categorias "estruturante" e "estrutural" que aparecem neste texto dialogam com o pensamento de Pierre Bourdieu e suas reflexões sobre sistemas simbólicos. Para um aprofundamento neste assunto recomendo a leitura de BOURDIEU, Pierre. O poder simbólico. Rio de Janeiro: Editora Bertrand Brasil. S.A., 1989.

Em outra pesquisa, agora apresentada no Dossiê Mulheres Negras: retrato das condições de vida das mulheres negras no Brasil[19], editado pelo Ipea em parceria com a Secretaria de Políticas para as Mulheres, a Secretaria de Políticas de Promoção da Igualdade Racial e a ONU Mulheres, destacou-se que a renda das mulheres negras não chega nem à metade daquela recebida pelos homens brancos e corresponde a cerca de 56% dos rendimentos das mulheres brancas. Essa disparidade se repete quanto à situação educacional, à inserção no mercado de trabalho, ao acesso a bens duráveis e às tecnologias digitais, à condição de pobreza e a vivência de situações de violência.

Segundo dados do IPEA, uma tendência observada ao longo de toda a série histórica é o crescimento da proporção de domicílios "chefiados" por mulheres. Em 1995, 23% dos domicílios tinham mulheres como pessoas de referência; vinte anos depois, este número chega a 40%. Esse é um fenômeno majoritariamente urbano: 43% dos lares na cidade tinham uma mulher como pessoa de referência em 2015, comparadas a 25% no campo, valor que se aproxima mais dos patamares da média brasileira de 1995. Nas cidades, houve um aumento de aproximadamente 18 pontos percentuais entre 1995 e 2015, ao passo que no campo a variação foi de apenas dez pontos, o que parece demonstrar um ritmo menos acelerado de transformações comportamentais nessa parcela da sociedade. Cabe ressaltar que as famílias chefiadas por mulheres não são exclusivamente aquelas nas quais não há a presença masculina: em 34% delas, há a presença de um cônjuge. Mesmo assim, é elevado o patamar de famílias em que as mulheres não têm cônjuges e têm filhos/as e, nesses casos, há que ressaltar o fato de que, muitas vezes, tais famílias se encontram em maior risco de vulnerabilidade social, já que a renda média das mulheres, espe-

---

19 Disponível em Dossiê Mulheres Negras: retrato das condições de vida das mulheres negras no Brasil (ipea.gov.br)

cialmente a das mulheres negras, continua bastante inferior não só à dos homens, como à das mulheres brancas. [20]

Dados de pesquisa realizada pelo IPEA em 2017[21] comprovam que as disparidades entre os índices de vulnerabilidade social referentes a mulheres brancas e mulheres negras seguem demonstrando que as mulheres negras estão sempre em desvantagem frente às mulheres brancas, seja em termos de infraestrutura urbana ou rural, capital humano ou renda e trabalho.

A Receita Federal do Brasil mostra que, em 2018[22], impostos indiretos (que são aqueles que recaem sobre os grupos que mais vulneráveis, que não possuem bens duráveis, propriedade ou herança) representaram quase 50% da arrecadação total de tributos no país, de forma estável entre 2008 a 2017, ao passo em que impostos sobre renda e propriedade representaram cerca de 23% da arrecadação no mesmo período. Lucros e dividendos não representaram nenhuma arrecadação, pois são isentos.

Com base nos dados expostos acima e que evidenciam como a raça é elemento contundente nas estatísticas de desigualdades sociais no Brasil, é possível se comprovar que o mito da democracia racial não se sustenta e, portanto, não pode servir como argumento de legitimação para uma neutralidade racial da tributação. A tributação não é neutra diante do elemento "raça" e as estatísticas evidenciam isso.

O discurso liberal da neutralidade dos princípios tributários e de todo o Sistema Tributário Nacional não se adequa aos pressupostos de uma justiça fiscal que ofereça igualdade de resultados na distribuição das riquezas. Em consonância

---

[20] MARCONDES, Mariana Mazzini ... [et al.] (organizadoras). Dossiê mulheres negras: retrato das condições de vida das mulheres negras no Brasil. Brasília: Ipea, 2013. pags 23 a 32.

[21] Dados disponíveis em 170823_lancamento_ivs_metodologia_e_primeiros_resultados.pdf (ipea.gov.br), acesso em 02/12/2020.

[22] Dados disponíveis em ctb-2018-publicacao-v5.pdf (economia.gov.br), acesso em 02/12/2020.

com a escola de pensamento predominante neste texto, a Teoria Racial Crítica, o liberalismo não se configura como uma abordagem adequada para o enfrentamento de problemas raciais, pois defende uma igualdade de tratamento para todas as pessoas, independente de repercussões históricas sobre condições atuais[23], o que invisibilizaria a raça e desconsideraria o racismo como elemento estrutural e determinante para o *modus operandi* da tributação e da promoção de políticas públicas no Brasil, que contemplam sobretudo o grupo racialmente privilegiado.

A tributação, sendo uma relação de poder entre público e privado, Estado e contribuintes, precisa considerar a fragilidade dos argumentos liberais por democracia racial e neutralidade sistêmica, para conseguir estabelecer uma justiça fiscal que realmente materialize os preceitos constitucionais estabelecidos à luz do Estado Democrático de Direito[24]. Para tanto, os princípios tributários são fundamentais. Mas como estes princípios tributários dialogam com a questão racial?

É muito doloroso ter que, o tempo todo, ficar acessando um lugar de dor para provar potência e pertencimento.

Acordei hoje pensando nisso.

---

23 DELGADO, Richard; STEFANCIC, Jean. Teoria crítica da raça: uma introdução. São Paulo: Editora Contracorrente, 2021, p.49.

24 Misabel Derzi explica que Estado Democrático de Direito é expressão ampla, cujos fundamentos (art.2º) e objetivos (art.3º), são conectados à estrutura econômica e social, ao desenvolvimento, à justiça e à igualdade. Estado democrático, seria uma noção de sistema político que abrange não só instituições governamentais formalmente consideradas, como também valores e diretrizes adotados pela Constituição. DERZI, Misabel in BALLEIRO, Aliomar. Limitações constitucionais ao poder de tributar. 8.ed. atualizada por Misabel Abreu Machado Derzi. Rio de Janeiro: Forense, 2010, p.11.

Ontem no noticiário a pauta foi dominada pela chacina de Jacarezinho[25]. Mais um absurdo que minhas palavras não conseguem explicar. Mas meu coração dói.

Decidi revisar minha aula de logo mais e dar um jeito de demonstrar para minhas alunas e alunos como essa chacina e todas as demais violências que temos vivido dialogam profundamente com nossa disciplina de direito tributário. Preciso alertá-los de que a academia não está apartada do mundo.

Nos últimos tempos me sinto cada vez mais impelida a demonstrar e provar para meus estudantes que a academia não faz parte de um universo paralelo, uma dimensão diversa e apartada da realidade que eles vivenciam. Preciso tratar disso, porque os sinais que eles emitem só servem para me deixar convicta de que não entendem o papel da academia em suas existências. Vários já vieram me relatar que quando deixam suas casas para ir a faculdade é como se atravessassem portais temporais e fossem levados para outra dimensão. Uma dimensão interessante, mas absolutamente despregada daquela para a qual retornam quando se completa o tempo regulamentar da aula. E acho isso muito sério.

Eu experimentei essa sensação de desprendimento na academia também. Me recordo de ter que acordar de madrugada para pegar o ônibus e chegar na faculdade a tempo da primeira aula. Já chegava exausta. Mas ao chegar parecia que eu havia transposto um portal mágico e ingressado em outra dimensão. Uma melhor que aquela em que eu vivia, pelo menos era o que as impressões me levavam a concluir. Os cheiros, as conversas, as aparências das pessoas... eu achava tudo melhor na academia.

Com o passar do tempo, já no exercício da docência, posso compreender que essa percepção que tinha lá atrás quando aluna é equivocada e perversa. A academia não é um lugar melhor,

---

25 A chacina do Jacarezinho ocorreu no dia 6 de maio de 2021, durante uma operação da Polícia Civil e resultou em pelo menos 28 pessoas mortas por tiros ou por objetos cortantes.

é somente um lugar diferente. Um lugar que precisa se transformar para acomodar meu corpo, meu modo de pensar, meu modo de repensar e de agir no mundo. A academia é um lugar para se transformar incessantemente; e é essa força magnética que a possibilidade da transformação me provoca que me mantém tão ligada a ela. A academia me toma para ela como eu a tomo para mim. Nós nos possuímos num ato quase pervertido.

O feminismo negro é um movimento social para a igualdade, por isso a teoria da justiça na qual me ancoro advém deste esforço prático e real de compreender o mundo a partir de outros locais de enunciação, demonstrando que na prática a teoria é bem outra.

A teoria de Rawls é uma teoria ideal para um mundo irreal. É uma teoria que não tem fôlego para chegar até onde eu preciso que ela vá para explicar aos meus alunos e alunas que o direito tributário não está conseguindo materializar justiça na distribuição de riquezas porque não está interessado em distribuir riqueza alguma com aqueles que esperam de pires nas mãos e que somos todos nós que não integramos o famigerado 1% da população realmente rica do país.

Mas decidi não ser tão severa com John Rawls porque a teoria dele chega somente até um certo ponto e nem porque ele mesmo não poderia ir além sem comprometer sua própria teoria. Mas não posso desconsiderar que os pressupostos da teoria rawlsiana não se sustentam diante das realidades suleadas que vivemos. Vou buscar outras interlocutoras. Preciso de mais fôlego para conduzir o direito tributário para um lugar mais próximo das realidades das minhas alunas, que não entendem que durante um dia de suas vidas vão ter inúmeras conexões com a tributação. Minhas meninas e meninos que não percebem que o tributo pode tanto servir como ferramenta de libertação quanto como instrumento de opressão quando articulado com outros marcadores, como gênero, raça e classe.

Preciso ampliar o repertório epistemológico destas alunas e alunos para que percebam a dimensão interdisciplinar do direito tributário e a repercussão cotidiana da tributação em suas vivências.

A noite chega. Em classe tento explicar para a turma, me valendo das notícias da chacina do Jacarezinho, como aquelas vidas anônimas eram oprimidas por marcadores diversos de opressão. Como aqueles corpos não identificados pelas manchetes dos jornais estão devidamente cadastrados nos registros da Receita Federal e são tributados como todos os demais corpos do país. Mostro para meus estudantes que a morte de um homem negro na favela pode importar muito mais para o poder publico quando este constata que perdeu mais um contribuinte. Pergunto para todas e todos se a morte de um homem negro realmente implica na morte de um contribuinte-cidadão?

Há um forte desconforto na turma. Insisto.

Alguns gatos pingados tentam dialogar comigo, demonstrando que todos integram a categoria mencionada. "Todo brasileiro é um contribuinte-cidadão, professora", diz um aluno lá no fundo da sala. Alguns assentem com ele e reforçam o argumento através da concordância.

Mas não me convencem. Me esforço para demonstrar à turma que essa categoria de contribuinte-cidadão é universalizante e se apresenta como mais uma das armadilhas do direito tradicional, que insiste em se propor neutro e capaz de abarcar todas as questões da terra. Como se nada pudesse ficar de fora da regulação do direito. Explico que essa tendência universalizante está presente no direito em momentos os mais diversos e delimitando conceitos e categorias como "sujeito de direito", "pessoa", "mulher direita" (mesmo juridicamente em desuso, o termo é corrente nas alas conservadoras), "homem", "justiça" e no direito tributário com o "contribuinte-cidadão". Embora esta última seja uma categoria que estabiliza uma intenção do direito tributário, o que se dá na prática é que o verdadeiro contribuinte-cidadão não é ninguém mais do que o homem branco cis hétero normativo.

Minha explicação gera um alvoroço de desconforto no ambiente. Não gostam do que eu acabei de falar. Tentam me fazer compreender que ao dizer algo assim, estou profanando o templo do saber que me acolhe. É como se tentassem me explicar que posso até lecionar ali, mas não posso contradizer o que já foi ensinado pelos cânones. Estão me dizendo que eu preciso ser mais comedida, que posso lecionar ali, mas não daquele jeito.

A aula fica paralisada neste ponto de discussão. Afinal, seria o contribuinte-cidadão uma categoria universalizante e que deixaria a margem do debate corpos negros, periféricos e pobres? Se sim, então aquele corpo estendido no chão de Jacarezinho é o que? Será que estaríamos diante da morte de mais um contribuinte-cidadão? Mas se não, caso aquele corpo não seja compreendido nas dimensões problematizantes que expus, o que será que ele é? Será que é só mais um corpo a menos para perturbar a "paz social", essa outra categoria universalizante?

Quando desço para a sala dos professores já encontro o coordenador do curso me aguardando. Sou convidada para uma reunião rápida. Na sala da coordenação sou informada de que receberam diversas reclamações sobre mim na última hora. Disseram que sou burra, desagradável e até fedorenta apareceu como um atributo a mim conferido e estava tudo formalizado e documentado para a coordenação.

O coordenador não estava muito disposto a me ouvir, afinal em sua compreensão se mais de um aluno reclamam no mesmo dia é porque estão com a razão. Já fui avisada de que se continuar assim não chego ao fim do semestre na instituição. O desconforto que causo não interessa à empresa já tão preocupada com a captação de estudantes.

Vou para o estacionamento pensativa. Será que erro ao ensinar pensamento crítico aos meus alunos? No trânsito, ainda reflexiva, constato que estou no caminho certo de uma docência deslocada da tradição e crítica de um ensino jurídico colonialista. Mas precisarei decidir se estou disposta a pagar o preço do desemprego por não me dispor a concordar com meus alunos que discordam de mim por eu não dizer o que gostariam de ouvir.

Não seria a primeira a vez que perderei uma sala de aula por conta do meu modo de lecionar, da minha presença negra nos corredores, de minha alegria ao ensinar o que considero efetivamente transformador de realidades. Ser uma professora negra é muito mais complexo do que simplesmente lecionar. Ser uma professora negra é um ato de resistência. Ser uma professora negra no ensino jurídico é quase perigoso. Precisarei decidir se quero ser uma professora negra empregada ou desempregada.

CAPÍTULO 3
PENSANDO SOBRE JUSTIÇA, IGUALDADE E TRIBUTAÇÃO COMO UMA MULHER PRETA

(PERTURBAÇÕES DE UMA ELITE)

Quando era adolescente me recordo de viajar em todas as férias para a cidade onde morava minha avó, Dona Tanica. Dom Joaquim é uma cidadezinha tradicional e simples no interior de Minas Gerais.

Sempre nos primeiros dias depois da minha chegada, minha avó ia me conduzindo numa *via crucis* de visitação a todos os parentes mais próximos. Íamos para um almoço ou café. Conversávamos sobre a vida em Belo Horizonte e eu, depois de demonstrado um enorme enfado adolescente de ficar conversando com as senhoras mais velhas por horas, era liberada para ir brincar com minhas primas.

Certa vez uma de minhas primas já adulta estava banguela. Estranhei aquela novidade e ela me explicou que um dentista havia passado pela região e a convenceu, bem como a muitas outras e outros, a retirar todos os dentes da boca e substituir por uma dentadura. Um pouco alarmada perguntei se havia mesmo necessidade de retirar todo os dentes e ela me disse que o dentista disse que sim pois, mesmo não tendo nenhum problema mais grave na dentição naquele momento, a retirada dos dentes seria uma prevenção para problemas futuros. Para ajudar nos altos gastos da extração preventiva ela poderia dividir e usar a pensão que recebia para arcar com as despesas.

Na aula de hoje vou discutir os usos do tributo e como o ato de tributar pode contribuir para a redução de desigualdades sociais. Mas preciso mostrar também como o uso do tributo pode ser como o dentista da cidade do interior que substituiu os dentes da minha prima por uma dentadura. É necessário que minhas alunas e alunos consigam compreender que o ato de tributar implica em uma ação extremamente importante desenvolvida pelo Estado, mas cujos rumos não são necessariamente positivos para todos. O ato de tributar pode servir como uma estratégia de engessamento de uma estrutura social hierarquizada, mantendo pobres sempre pobres e ricos cada vez mais ricos.

Preciso explicar para a turma que o direito tributário está em disputa. Não está dado. O jogo não está ganho. Há um grupo que se vale da tributação para perpetuar-se no lugar do privilégio e há um outro grupo que não participa dos benefícios que a tributação pode promover e que muitas vezes nem sabe disso. Para além desta disputa mais evidente que menciono, há uma outra. O ensino jurídico como um todo segue em disputa. De um lado conservadores e tradicionalistas que não aceitam ensinar para além dos cânones europeus. De outro os liberais igualitários que em grande parte, promovem reflexões interessantes, mas o fazem no campo abstrato e puramente teórico. De um terceiro lado há uma teoria crítica que se ramifica e pode ser abraçada por feministas, antirracistas, anticapacitistas dentre outros grupos emancipacionistas. Eu me alinho com esta terceira margem. A teoria racial crítica que proponho é feminista. Deste lugar dialogo com teorias que a academia não tem interesse em acolher. Mas eu insisto e as ensino mesmo assim.

Explico que a disputa do direito tributário não se dá somente na dimensão fisco vs. contribuinte. Entre contribuintes também há posicionamentos socioeconômicos diversos e que complexificam as relações tributárias para além do que os teóricos tradicionalistas estão dando conta de evidenciar. Convido-os a fazermos um caminho inverso: partir da realidade deles para a teoria acadêmica. Proponho um exercício de uma semana para a turma toda.

Todos deverão fazer um *diário de vivências tributárias* durante uma semana relatando todas as situações tributárias que vivenciaram naqueles sete dias. Deverão mapear todas as vezes em que o direito tributário emergiu da vivência cotidiana de cada um. Todas as vezes em que a tributação atravessou seu cotidiano. Ao final da tarefa vamos trazer todo o material produzido para uma leitura coletiva que se desenvolverá nas próximas aulas e permitirá que compreendam como a academia não está apartada da vida delas e deles; que a tributação interfere nas sutilezas de nossas vidas, mesmo quando não nos atentamos para isso. Viver em sociedade implica em uma imersão fiscal compulsória e incontornável.

Existe uma relação intrínseca entre justiça, igualdade e tributação. Estou bastante interessada em apresentar algumas ponderações que permitam aos meus alunos e alunas compreender que existe uma tríade de materialização da justiça distributiva que precisa ser considerada. Igualdade tributária, capacidade contributiva e teoria da solidariedade são três pilares fundamentais para que se eleve o debate sobre justiça fiscal.

Há que se destacar que a igualdade tributária, princípio constitucional basilar para a construção de qualquer raciocínio que envolva justa distribuição de riquezas, nada mais é que uma materialização jus-tributária da noção de justiça.

É através de tal princípio que passível se faz a determinação de isenções pouco discriminatórias e que promovam certa harmonização fiscal, evitando grandes discrepâncias quando da incidência tributária.

Ademais, com base em tal princípio torna-se mais plausível a distribuição de receitas, privilegiando determinados setores em detrimento de outros, a fim de se garantir um mínimo existencial básico.

A determinação constitucional das imunidades tributárias também sofre influência de tal princípio para que sua delimitação não distorça a finalidade primeva do estado democrático de direito, que é a justa satisfação das liberdades de todos os grupos sociais.

Sendo assim, não há como se vislumbrar uma materialização da justiça distributiva, nos moldes rawlsianos, sem que para tanto se dê um tratamento cuidadoso e especial ao princípio da igualdade tributária.

A construção do conceito de extrafiscalidade também vem atrelada à materialização do princípio da igualdade, haja vista que o balizamento posto à atuação positiva do Estado na constrição do particular é a essência do princípio.

Vejamos, no caso da tributação do solo, ao incidir sobre o particular a fim de delimitar de maneira clara os campos do que deve ser público e do que deve ser privado, a extrafiscalidade vem como elemento chave que permite, através de uma finalidade distinta da mera arrecadação, constringir o particular a retornar ao poder público bem que não vinha cumprindo função social na esfera privada.

A tributação extrafiscal do solo, por exemplo, materializa o princípio da igualdade, e por isso se atrela a este, à medida que publiciza a propriedade que até então se via retida, sem vantagens à coletividade, na esfera privada.

Ao tratar do princípio da igualdade tributária, Ricardo Lobo Torres(1995) apresenta e localiza seu oposto, esclarecendo que:

> A desigualdade fiscal, por seu turno, ínsita na injustiça, na insegurança e no desrespeito aos direitos humanos, ofende a liberdade relativa. As distorções dos princípios da capacidade contributiva, da distribuição de rendas, da legalidade, do lançamento vinculado, etc. Não prejudicam simplesmente os valores da justiça e da segurança, senão que violentam a liberdade e o direito da propriedade, posto que repercutem desigualmente sobre situações econômicas e jurídicas iguais ou igualmente sobre situações desiguais. A desigualdade tributária, em suma,

não fere apenas os valores jurídicos – justiça e segurança – mas penetra no próprio campo existencial dos direitos da liberdade do contribuinte, desfalcando-lhe o bolso e a economia, com a ofensa o art. 5º, XXII, da CF 88 (TORRES, 1995, p. 268).

Geraldo Ataliba, invocando Rui Barbosa, doutrina que a aplicação do princípio da igualdade se dá *"tratando desigualmente os desiguais, na medida de sua desigualdade"*.

Tal colocação impõe-se com firmeza, pois é difícil a verificação do que é realmente justo em matéria tributária, tornando fundamental se atrelar a tal princípio o critério da proporcionalidade ("... na medida de sua desigualdade") a fim de se dosar o grau de justeza, neutralidade e de real adequação à realidade quando da aplicação do princípio da igualdade.

O princípio em tela vem expresso na Constituição em seu art. 150, II, verbis:

> Art. 150 - Sem prejuízo de outras garantias asseguradas ao contribuinte, é vedado à União, aos Estados, ao Distrito Federal e aos Municípios:
> (...)
> II - instituir tratamento desigual entre contribuintes que se encontrem em situação equivalente, proibida qualquer distinção em razão de ocupação profissional ou função por eles exercida, independentemente da denominação jurídica dos rendimentos, títulos ou direitos.

O crescente desnivelamento social traz à baila a ideia de Wicksell (1971, p. 219), segundo a qual para que haja eficácia no uso dos recursos sociais, evitando, com isso, desigualdades, necessário se faz a existência de algum esquema de distribuição dos tributos extras entre os diversos tipos de contribuintes evitando-se desperdício, posto que, se tais despesas não forem devidamente distribuídas não haverá justificativa plausível para seu empreendimento.

Como expõe Balleeiro e Derzi (1999, p.11), "O Estado deve pôr-se a serviço de uma nova ordem social e econômica, mais justa, menos desigual, em que seja possível a cada homem desenvolver digna e plenamente sua personalidade".

Ricardo Lobo Torres, ao iniciar sua abordagem acerca da igualdade perante os gravames fiscais, esclarece que esta possui dois sentidos a serem observados, sendo que no primeiro, que é um sentido jurídico, tal igualdade deve ser compreendida como paridade de posição a fim de que se excluam privilégios de classe e com isso se evitem parâmetros discriminatórios. Em segundo plano, há o sentido econômico de tal conceito, que o vê como um dever de contribuir aos encargos públicos de maneira equânime, observando-se as balizas postas pela capacidade contributiva dos indivíduos.

Ademais, ao abordar a questão das isenções fiscais, que Sacha Calmon entende como sendo uma burla ao princípio da igualdade tributária, Ricardo Lobo Torres explica que a natural existência de desigualdades faz com que seja também natural a criação de categorias de contribuintes que se sujeitam a um tratamento fiscal diferenciado, com isso, em nada se estaria desviando da noção posta de igualdade tributária, muito antes o contrário, é desta diferenciação proporcional que se possibilita a efetivação do equilíbrio fiscal e a justa arrecadação tributária.

Embora possuam dimensões conceituais distintas, tanto as imunidades quanto as isenções se assemelham quanto ao pensamento acima, posto que também visam possibilitar a formação de uma igualdade tributária. As contingências sociais convergem para a efetivação do princípio da diferença trazido por Rawls, posto que somente através da diferenciação justa é que se torna viável o tratamento igualitário de contribuintes com realidades tão distintas.

Mais que isso, a igualdade tributária também há que ser notada quando da distribuição de competências e, consequentemente, da distribuição da carga tributária, posto que, é neste momento, sobretudo, que se vislumbram privilégios e discriminações, sendo, aqueles que menos contribuem, por falta de recursos, os menos guarnecidos, num tratamento que foge à noção de justo e ao compromisso contratual firmado originalmente.

Mas tal princípio não caminha só. O subprincípio da capacidade contributiva abarca a demanda por igualdade de modo bem específico e concreto. Sua relevância é incontestável, sendo tido por uns como o subprincípio característico e basilar da atividade tributária, sendo o núcleo do alicerce de toda a justiça distributiva.

Marciano Seabra de Godoi (1999, p.192) nos esclarece que:

> A relação entre igualdade e capacidade contributiva é para nós a relação entre um princípio maior (que engendra um direito individual fundamental e se aplica a todo e qualquer ramo do direito) e um subprincípio que se consubstancia na eleição (por vezes expressa na constituição) de um critério fundamental não o exclusivo - para operar, na seara tributária, aquele princípio maior.
> É o princípio da igualdade como um princípio maior, e tomar o princípio da capacidade contributiva como subprincípio que opera a igualdade, permite que se superem as aparentes antinomias geradas pelo conflito entre capacidade contributiva e medidas de "extrafiscalidade".

Destacamos também que o subprincípio da capacidade contributiva se fulcra na teoria do sacrifício, conduzindo à ideia de que os encargos tributários devem ser distribuídos de modo a gerar o mesmo tanto de inconvenientes a todos, sem privilégios ou discriminações.

Outra teoria importante neste ponto do debate é a da solidariedade, que teve em Proudhon(1998) seu expoente, e que abarca também a ideia de um "sacrifício proporcional" dos cidadãos enquanto individualidades em prol do todo, que é a sociedade contratual de Rousseau, inspiração rawlsiana para o desenvolvimento de sua teoria de justiça.

Difícil faz-se a dissociação desta teoria da noção de igualdade tributária, posto que nesta preserva-se a proporcional igualdade do grupo a fim de se evitar disparidades sociais por demais aviltantes; ocorre que na teoria da solidariedade o princípio da diferença perde um pouco de seu brilho e a justiça distributiva exige um esforço grandioso de cada um.

Ao passo que o princípio da igualdade tributária, embora utilize-se também de critérios proporcionalizantes, acaba por evitar um sacrifício extremo de um determinado indivíduo ou grupo que se afinize por um determinado fator.

Marciano Seabra de Godoi(1999) exemplifica a questão com um caso de um pobre que possui uma renda total de x e de um rico que possui a renda y, não sendo justo que se exija do pobre o mesmo quantum de encargos que do rico se poderá exigir. Nestes termos, há que se sacrificar mais ao rico a fim de que se promova um equilíbrio final, no qual haja observância nítida da capacidade contributiva de cada um.

A teoria da solidariedade, atenta para questões moralizantes e filosóficas que por vezes apresentam-se de difícil comprovação real, entretanto, à medida em que tal teoria se associa à noção de proporcionalidade trazida pelo princípio da igualdade tributária, mais fácil se faz sua concretização.

À medida em que se distribuem os encargos tributários de modo a privilegiar àqueles que menos condições possuem de corresponderem à expectativa governamental, mais se estará observando a igualdade tributária à luz do princípio da diferença e mais concreta se fará a justiça tributária. Por isso entendemos que quanto maior a compatibilização deste tratamento desigual com a teoria da solidariedade, menor será o grau de descontentamento dos contribuintes frente ao pagamento de tributos.

Em suma, a necessidade de uma estruturação que permita a efetivação plena da democracia, tomando por base noções sólidas de uma justiça capaz de alterar realidades e posturas sociais é premente.

Uma justiça tributária distributiva passível de abarcar diferenças e respeitá-las integrando a todos - indivíduos e grupos - em procedimentos que respeitem igualdade, capacidade contributiva e solidariedade é um importante mecanismo de harmonização social e econômica e de emancipação de grupos subalternizados.

A democracia traz consigo a virtude da justiça e nesta vislumbra-se, em germe ainda, uma igualdade e uma liberdade, latentes e a serem materializadas. O estado democrático de direito conforma espaço ideal para a viabilização de uma justiça distributiva, por trazer em si a noção procedimental da mesma, despregando-a das concepções utilitaristas.

O princípio da igualdade tributária é a materialização de uma justiça distributiva, já que toma por base as mesmas noções trazidas por aquela, porém em grau mais concreto, já que abarca especificações e tratamento proporcional à situação econômica dos contribuintes, sobretudo daqueles que mais suportam a carga tributária, que são os pobres e negros.

A justiça distributiva é um aprimoramento da justiça tributária, na medida em que leva em conta questões principiológicas e constitucionais relacionadas a esta última. A primeira humaniza a última, proporcionando-lhe um tom mais eficaz.

O subprincípio da capacidade contributiva traz em si embutida a noção de uma teoria do sacrifício, o que o aproxima da teoria da solidariedade que merece ser considerada quando da distribuição de encargos tributários.

Embora considere de grande relevância as ponderações sobre fiscalidade e extrafiscalidade apontadas pelos estudos de Flávia Caravelli (2015), com quem concordo ao esclarecer que a extrafiscalidade deve ser vista como um indutor de comportamentos lícitos por contribuintes, considero que somente estas duas funções não dão conta de resolver o problema da alta carga discriminatória do sistema tributário. A referida autora considera que a busca de igualdade tributária não demanda outra incursão senão na própria fiscalidade, cabendo a esta promover justiça distributiva. Entretanto, no meu ponto de vista, como mulher negra e periférica que sou, suportando uma carga tributária que onera muito mais meus modos de vida do que de outros grupos sociais, entendo que falta na função fiscal a capacidade de dirimir dilemas que interseccionem raça, classe, gênero e tributação. Considero fundamental que o tributo cumpra uma outra função, para além da fiscal e da extrafiscal, tratadas acima. É incontornável a necessidade de uma função antidiscriminatória do tributo.

O tributo cumpre uma função antidiscriminatória a partir do momento em que é captado pelos cofres públicos com o intuito, posteriormente materializado, de desmantelar uma lógica patriarcal, racista e classista que domina as relações estabelecidas em moldes coloniais. Quando o tributo é destinado a reduzir desigualdades sociais, desigualdades raciais, desigualdades de gênero e tantas outras desigualdades que atravessam as relações marcadas pela acumulação primitiva de capital e que sustenta a modernidade, aí sim sua função passa a ser outra e não mais aquela que sempre teve de preservação do *status quo* colonialista. Quando o tributo passa a servir efetivamente para romper com a lógica moderna de dominação, verifica-se sua outra funcionalidade, esta sim coerente com os corolários do estado democrático de direito. O tributo deixa de funcionar como elemento de imobilização socioeconômica e passa a servir como redutor de desigualdades e catalisador de bem-estar e emancipação de grupos minoritários e com histórico de opressão de raça, gênero, classe e tributação.

A primeira semana de provas do semestre serviu para me relembrar que não estou padecendo no paraíso da intelectualidade. Ser uma professora e jurista negra é bem menos glamouroso do que pode parecer. Há um trabalho que vai muito além de estar em classe e ensinar um conteúdo. Há noites insones elaborando provas que precisam tratar de todo o conteúdo ensinado, mas que precisam estar no meio de um caminho certinho entre o difícil e o fácil. Não posso cobrar de menos porque serei acusada de não valorizar a capacidade cognitiva do alunado. Não posso cobrar demais pois serei acusada de dificultar a jornada rumo ao sucesso dos clientes da instituição, o que compromete a permanência destes na academia. Qualquer mínimo incômodo à jornada acadêmica do estudante da instituição privada de ensino superior é motivo para mudanças estruturais urgentes, e neste movimento a primeira cabeça que rola é a da professora negra, afinal de contas ela nem é tão boa assim, não é tão legal assim, não é tão competente assim. Ela é quase uma ninguém.

Elaboro uma prova que considero estar exatamente no meio do caminho entre a permanência e a fuga de meus alunos e alunas da academia. Mas não me iludo achando que meu zelo pedagógico dará conta de me eximir de ser alvo de reclamações pós-avaliativas. Sempre reclamam quando as notas são abaixo da média. Sempre reclamam quando recebem um "não" ao virem me pedir para rever respostas que estão completamente equivocadas. Preciso provar que minha correção está certa, que a resposta está desconforme com as normas, a jurisprudência e os textos que utilizei em classe. Quem sempre precisa provar que está correta sou eu. Preciso provar que eles estão errados e demonstrar todo o percurso metodológico que fiz para justificar minhas constatações. Que estranho isso!

Uma semana de provas da academia é uma provação para professoras negras. Durante muitos anos detectei comportamentos recorrentes em instituições privadas diferentes e até mesmo em cidades distintas. A turma começa com ânimos tranquilos, começam a ficar mais tensos a medida em que a data da avaliação se aproxima. A prova é um evento de desgastes de toda ordem. Há colas, choros e ranger de dentes. A entrega da prova, é, porém, o pior momento acadêmico do semestre. Já senti medo verdadeiro e profundo de ser agredida em uma turma em que as notas foram muito ruins para mais da metade dos estudantes. Já recebi reclamações extremamente hostis de alunos que não saíram satisfeitos com a revisão que me solicitaram. Já precisei pedir que um funcionário me acompanhasse até o estacionamento por receio de encontrar com alguém mais exaltado e ser fisicamente agredida por conta de uma nota baixa dada a alguém que teve um desempenho ruim na prova.

Também pude constatar, após anos de docência, que este não era um fenômeno que só acontecia comigo. Conheci diversas narrativas de outras professoras e juristas negras que vivenciaram experiências muito semelhantes e deflagradas pelas avaliações aplicadas às turmas. Muita hostilidade, ameaças, desvalorização profissional, constrangimentos institucionais e pressões do alunado. Não é incomum que uma professora negra seja convidada para uma reunião pedagógica pouco depois da devolução de provas corrigidas. Essas reuniões sempre mexeram muito comigo. É um momento psicologicamente complexo e cheio de emoções enxarcadas de todo tipo de coisas ruins. A docência me promove muitas reflexões. É uma profissão para mulheres destemidas. Estar na academia requer coragem.

Ao final do semestre pudemos constatar que a atividade do *diário de vivências tributárias* foi um sucesso. Como uma professora e tributarista negra, pude perceber que as alunas e alunos se esforçaram na percepção da dimensão doméstica da tributação em nossas vidas. Perceberam que o tributo está dentro de nossas casas e por vezes não nos deixa dormir. Mas sempre há quem durma com barulho. A tributação batuca no ouvido do pobre e embala melodicamente o sono do rico. O privilegiado dorme tranquilo sabendo que está seguro, protegido pelo aparato público e resguardado pela iniciativa privada que domina o país e é composta por seus pares.

Este assunto exige uma reflexão profunda sobre pobreza e má distribuição de riquezas. A tributação emerge como um tema necessário para o equilíbrio da balança que abarca justiça de um lado e igualdade de outro. Na sociedade brasileira atual não há caminhos possíveis para justiça e igualdade sem se confrontar dilemas fiscais latentes.

CAPÍTULO 4
TRANSFORMAÇÃO SOCIAL E DIREITO TRIBUTÁRIO

(DAS ALEGRIAS DE SER UMA PROFESSORA NEGRA NO ENSINO JURÍDICO)

De repente me descobri imensamente feliz num dia de aula. Uma aluna negra veio me contar baixinho que convenceu o namorado a fazer direito também e tudo por influência minha. Ela contou que argumentou com ele que precisamos ter mais advogadas e advogados negros, mais juízas e juízes negros, mais professoras e professores negros, tudo conforme eu tanto costumo ensinar. Ela disse que ele se convenceu mesmo foi quando soube que o órgão de cúpula do sistema de justiça brasileiro, o Supremo Tribunal Federal[26], não tem um negro sequer compondo seu seleto grupo de onze. Sorrindo, ela me disse, "Professora, meu namorado vem estudar aqui porque quer mudar a história do sistema de justiça. Ele quer fazer a diferença, assim como você me ensinou a querer também".

Para mim o dia já estava ganho. Depois de ouvir uma jovem negra dizer isso tenho a absoluta certeza de que minha docência se desenvolve da maneira correta. Por mais que receba reclamações de toda ordem, do meu cabelo, do meu tom de voz, da minha didática, do conteúdo que apresento, da mi-

---

[26] Na história do Supremo Tribunal Federal são identificados três ministros negros. Os juristas negros que já ocuparam esta função foram: Pedro Lessa, apontado como o primeiro negro no STF, no período de 1907 a 1921; Hermenegildo de Barros, ministro entre 1917 e 1831 e Joaquim Barbosa, ministro entre 2003 e 2014. Já tivemos três mulheres ministras no STF, nenhuma mulher negra.

nha postura altiva… ainda assim vale a pena. Se em cada semestre eu conseguir ensinar pensamento jurídico crítico para cinco ou seis alunas e alunos negres que integram minhas turmas, contando por baixo, em dez anos terei contribuído para a formação transformadora de mais de cem juristas negras e negros. Estes juristas certamente impactarão o sistema de justiça de alguma forma. Espero estar viva para ver. Mas se eu não puder ver, que meus filhos vejam por mim.

Cheguei mais cedo na faculdade hoje para terminar de corrigir uns trabalhos e lançar notas pendentes. A sala dos professores é um lugar muitíssimo interessante, onde se tem a oportunidade de se ver e ouvir de tudo. Já vi briga precisar ser apartada por outros colegas, presenciei conversas angustiantes de professoras perseguidas pela coordenação, já soube de casos de professores reclamando de depressão por cobranças excessivas e desmedidas por resultados que demandam um empenho muito mais institucional do que individual dos docentes.

Me recordo de presenciar reuniões em que os professores eram acusados de não captarem uma quantidade adequada de estudantes para os cursos e tínhamos nossas cabeças postas na berlinda caso não trouxéssemos mais clientes para a instituição. Ficávamos perplexos, professoras e professores, pensando em como conseguiríamos cumprir o determinado. Como faríamos para trazer mais e mais estudantes para o ensino superior. Isso não é incomum em instituições particulares. Mas também há cobranças em instituições públicas; são de outra ordem, mas existem.

Para minha surpresa um colega professor também resolveu ir mais cedo para o trabalho e compartilhou a sala dos professores comigo. Uma mesa extensa nos servia de apoio para as tarefas. De repente, o colega me perguntou sobre uma aluna em especial. Para que eu me lembrasse de quem se tratava descreveu-a fisicamente e foi bem pouco generoso em sua descrição. Eu fiquei constrangida. Tudo isso se deu para que me confidenciasse que estava incomodado com o odor que exalava do corpo da aluna. Segundo ele a moça não tinha noções mínimas de higiene e isso constrangia a ele, professor. Perguntei se os demais alunos se manifestaram de alguma maneira e ele me respondeu que não. Que era um incômodo pessoal dele mesmo. Que ela vinha até a mesa do professor para tirar dúvidas depois das aulas e se debruçava muito próxima dele, o que permitia que ele percebesse aquilo tudo que me contara.

Não tive palavras para comentar nada significativo para aquele homem. Me pus a pensar em quantas vezes o meu cheiro também foi assunto na academia.

Quando era aluna, já tive amigas vindo me avisar que meu hálito não estava adequado ao ambiente que frequentava. Mal sabiam elas que aquilo era um sinal físico de fome. Eu morava longe e não tinha condições de me alimentar adequadamente fora de casa.

Em outras ocasiões, já como professora, meu cheiro também gerava incômodos. Me recordo de, certa vez, ter reclamado de uma enxaqueca e um colega docente ter vindo supor que era porque eu passava perfume demais, que o cheiro era muito forte e desagradável. Neste momento entendi por que todas as vezes que o dito colega chegava na sala dos professores fazia um enorme e atabalhoado discurso de calor intenso e saía abrindo todas as janelas. Não era calor, era racismo.

O corpo negro vive causando incômodos na academia, seja porque cheira demais ou fede de menos. Mais uma desculpinha racista para nos manter fora do espaço de poder.

Hoje aprendi que meu corpo tem o cheiro da mulher negra que sou. Se não gostam aconselho que tapem seus narizes. Quem sabe assim matem asfixiados seus preconceitos.

Minha aula vai começar em minutos, subo e me deparo com a aluna comentada pelo professor preocupado que me perturbava com sua conversinha há pouco. Ela se parece comigo. Eu a cumprimento com um caloroso abraço. Sempre tive o costume de amadrinhar todas as minhas alunas e alunos que eram rechaçados pelos professores. Era algo incontrolável em mim, um impulso protetor. Eu sofri muito sendo a aluna excluída no jardim, no primário e no fundamental. Aprendi na pele como dói não ser querida no ambiente em que se estuda. Não deixo que essa prática perdure nos espaços em que estou. A academia tem que ser um lugar de amor e cura pelo aprendizado.

Com essa postura acumulei uma plêiade de amigas ex-alunas e amigos ex-alunos, porque a academia é um lugar de encontros.

Há semanas me comprometi a escrever uma série de artigos em matéria tributária. O convite é para que eu desenvolva o tema *tributação e raça*, um dos meus objetos de estudos. Entretanto, mesmo sendo eu disciplinada e engajada no processo de escrita, pouco produzi até o momento.

Num esforço de tentar identificar os pontos de travamento da minha escrita detectei algumas pistas importantes.

Embora meus estudos sobre raça e suas múltiplas interconexões não sejam iniciais e também os meus estudos em matéria tributária não sejam recentes, a todo momento tenho a sensação de que estou tentando misturar água e óleo.

Tenho a compreensão de que há um diálogo subterrâneo entre tributação e raça, um diálogo intenso e profícuo. Compreendo também que há uma relativa gama de dados que podem ser utilizados para demonstrar esse diálogo e mais, para provar de modo incontornável a existência de uma racialização do tributo, servindo este como mais um instrumento de opressão sobre corpos já exaustos do acúmulo de tantas outras opressões. Uma articulação até simples de dados matemáticos poderá indiscutivelmente comprovar a perversidade do sistema tributário nacional sobre corpos oprimidos por marcadores de raça, gênero, classe e sexualidade. Mesmo assim, ainda falta alguma coisa. Há uma ausência importante neste debate. Uma ausência que paira no ar e por vezes se movimenta como um pêndulo, indo e vindo numa constante abstrativização.

Afirmar-se como abstrato não é intenção do direito tributário. Neste ramo se trabalha com dados, há números, estatísticas e índices que provam argumentos jurídicos. E, para os tributaristas em ação, isso parece bastar.

Ouço com mais frequência do que consideraria normal mulheres inseridas no debate tributário, e até mesmo eu, dispostas a interseccionar tributação e gênero, alegarem que *"devemos ser inteligentes"* ... *"não devemos romantizar o assunto"* ... *"precisamos racionalizar o tema"*. Entendo, em alguma medida, que essas conclamações evidenciam outros dilemas da seara tributária que só contribuem para me mostrar que o buraco é bem mais embaixo.

Me preocupa em que medida estes dizeres, que ouço com frequência e que eu mesma repito em alguns momentos mais incisivos só reforçam o discurso do insulamento do direito que desejamos tanto reduzir.

Me valendo aqui do direito tributário, promovo reflexões que transcendem este ramo e se espraiam por todo o universo jurídico. Mas aqui, no caso que me açoda no momento, me coloco com certas reservas frente ao chamado à "razão tributária". Em que medida essa alertiva *"temos que ser inteligentes"* não quer dizer na verdade *"temos que ser inteligentes como os homens"*, *"precisamos racionalizar porque os homens não romantizam, os homens são racionais e os homens tributaristas são ainda mais que todos"*?

Até que ponto nós mulheres tributaristas não estamos mais preocupadas em dançar conforme a música, que toca há anos à escolha do patriarcado colonialista, do que em criarmos nossa própria melodia? E mais, até que ponto nós, mulheres tributaristas negras não estamos nos desviando de nossa jornada para direcionarmos nossa energia para um debate que só nos mantém à margem?

Estas têm sido questões que vem me tomando tempo e reflexão. E as considero importantes pontos de partida, para pensarmos o insulamento purista da ciência do direito e as investidas corajosas que têm sido implementadas rumo a uma interdisciplinaridade, a uma multidisciplinaridade e a uma transdisciplinaridade no ensino jurídico.

Estou cada vez mais convencida de que o direito resiste a qualquer tensionamento. Resiste ao feminino como também o faz com o periférico, com o diferente e com tudo o que não reverencia a tradição. Resiste, por fim, a todo corpo dissidente. Essa resistência se dá através dos entraves que são interpostos frente as tentativas epistemológicas que distoam do usual, ao olhar desconfiado com que discursos que partam da experiência acabam provocando, ao desconforto que a escrita na primeira pessoa gera.

Na aula de hoje quero tensionar. Bom, na verdade, quero mostrar à turma que tensionar o direito tributário é tarefa fundamental para que tenhamos um futuro mais justo para grupos subalternizados.

Tensionar o direito é necessário e imprescindível para que transformações práticas possam emergir e tomar conta das realidades complexas com as quais a tributação se depara. Sinto uma urgência em explicar aos meus alunos e alunas que um sistema tributário que se estrutura em bases feministas, por si só não dará conta da transformação emancipacionista que vislumbro fundamental. O sistema tributário, além de feminista, também precisa ser antirracista.

Meu interesse pelo tema de tributação e racismo informa a complexidade que envolve um esforço genuíno de produzir conteúdo acadêmico que interseccione tributação, gênero e raça, pois não há como pensar o direito tributário na modernidade sem que enfrentemos o racismo. E o enfrentamento do racismo, que é estrutural e está infiltrado em toda a sociedade desde o processo de colonização, perpassa pela compreensão de que a tributação pode ser um elemento catalizador do racismo, quando se reveste de estratégias opressoras. Como também pode ser um elemento desarticulador do racismo quando implicada em materializar preceitos constitucionais de igualdade e justiça.

Para aperfeiçoarmos essa reflexão tornando-a mais concreta, trago uma pergunta que me servirá de fio condutor para essa nossa conversa: o sistema tributário brasileiro é racista?

Para responder a essa pergunta precisamos compreender, de antemão o que é o racismo. Racismo, em linhas bem gerais, é uma estratégia de hierarquização de corpos a partir da raça. Esse processo é linguístico e relacional, ou seja, se dá na sociedade e através da construção de estereótipos que se infiltram por todas as relações sociais, econômicas e políticas. A tributação, como um mecanismo de preservação do estado, não fica de fora da construção social e, através de sua imposição sobre as realidades de todos, acaba interferindo nesses processos de hierarquização. O que quero dizer é que a depender do modo como a tributação, a legislação tributária, o sistema tributário nacional, se articulam, podem sim contribuir para aumentar ou diminuir o racismo em nossa sociedade. Neste sentido, tributação e racismo são temas que estão conectados e precisam estabelecer um diálogo.

Mas e então, o sistema tributário brasileiro é racista?

Pesquisas[27] tem se empenhado em demonstrar como as desigualdades podem ser reduzidas ou agravadas a depender do modo como a tributação se articula em uma determinada sociedade. Considerando a história de desigualdades que estrutura a sociedade brasileira não se pode deixar de fora a questão da raça. O componente racial está fortemente envolvido na construção de uma hierarquia socioeconômica brasileira. Não sendo

---

27 ALISTON, Philip. REISCH, Nikki. Tax, Inequality, and Human Rights. New York: Oxford University Press, 2019.

possível se desconsiderar que os mais pobres são negros e os mais ricos são brancos. Entretanto, há quem insista em dizer que este não é um problema do direito, menos ainda do direito tributário. Alegando que o problema não é de má-distribuição de riquezas, mas sim de demérito ou incapacidade de determinados grupos de alcançar sucesso e mover-se na pirâmide social ascendendo financeiramente. Mas será que isso é verdade?

Muitos tributaristas de plantão poderiam contra-argumentar: ora, mas não há nenhuma norma explicitamente racista em nosso sistema tributário.

Este seria um argumento interessante para se dissecar porque precisamos disputar essas conversas e estes espaços ocupados pela intelectualidade. Realmente não podemos negar que o direito tributário está em disputa em nosso país. E essa disputa recai também sobre os usos do tributo, o que nos remete lá ao Brasil Colônia.

O tributo está historicamente em disputa. Pensemos no imposto da meia siza sobre o comércio interno de escravos. Este é um exemplo interessante. Este tributo recaia sobre o chamado "escravo ladino", que era aquele que já estava por aqui há um tempo, e cumpria a função de preencher a ausência de ganhos que o tráfico externo de escravos produzia. Com este imposto, portanto, os cofres públicos permaneceriam cobertos, já que não seriam mais abarrotados pelos lucros advindos do tráfico internacional. Clóvis Moura[28] explica que esse imposto sobre a venda de escravos chegava à taxa de 5% do valor venal do escravizado e era pago pelo comprador. Caso houvesse sonegação, o comprador corria o risco de não conseguir estabelecer o título legal sobre a peça adquirida. Então, já tivemos em nosso ordenamento exemplos claros de uma tributação que considerava a raça e as estruturas do racismo, como a escravidão, de modo explícito para a imposição fiscal.

---

28 Moura, Clóvis. Dicionário da Escravidão Negra no Brasil. São Paulo: Editora da Universidade de São Paulo, 2013.

Contudo, embora não tenhamos hoje um tributo que incida direta e especificamente sobre corpos negros, é bastante possível observar que há uma dinâmica tributária que privilegia o *status quo* e se impõe sobre corpos historicamente oprimidos por outros marcadores como raça, gênero e classe. Essa dinâmica é constatável não só por uma insistente regressividade tributária, mas também por um persistente discurso de neutralidade que se vale da ausência atual de tributos como o da meia siza, que claramente permitiam ao poder público ganhar com a escravidão. Mas é importante que se diga que, mesmo não havendo uma imposição diretamente discriminatória, o sistema tributário segue oprimindo ao valer-se de estratégias que desoneram privilegiados e super oneram os demais grupos.

Não me canso de frisar para meus alunos e alunas que a dinâmica da tributação em nosso país, ao onerar sobremodo grupos já fortemente oprimidos por um acúmulo de marcadores como gênero, classe e raça, passa a contabilizar um novo marcador de opressão através de uma tributação que imobiliza ou depaupera economicamente. Pensemos num exemplo concreto: eu, uma mulher (marcador de gênero), uma mulher pobre (marcador de gênero mais marcador de classe) e uma mulher pobre negra (marcador de gênero mais marcador de classe mais marcador de raça) mesmo com tudo isso ainda sou oprimida pela tributação quando ela, ao retirar de mim toda a possibilidade de investir em qualidade de vida, em educação, em saúde, em cultura, está na verdade me engessando social e economicamente. Percebe como o debate é bastante complexo?

Mas aí poderiam me questionar: então a tributação é sempre opressiva? E eu teria muito prazer em dizer que não. Que se a tributação materializasse os preceitos albergados constitucionalmente ela estaria redistribuindo melhor as riquezas e não se apresentaria sobre o meu corpo feminino, pobre e preto, como mais um marcador de opressão. Seria, pelo contrário, um catalisador de emancipação.

Essa é uma escolha política.

Mas a tributação certamente pode ser mais que isso. Ela pode contribuir para a erradicação do racismo e para que todas e todos tenham melhores condições existenciais. Se hoje temos um sistema tributário racista não significa que não é possível se construir um sistema tributário antirracista. Um sistema tributário antirracista se interessa por promover mobilidade social e econômica através do ato de tributar e da redistribuição de riquezas de uma forma mais justa e sobretudo reparatória na história de nossa sociedade marcada por anos de escravidão perversa.

Sendo assim, deixo o convite para uma nova pergunta que precisa ser feita: como construir um sistema tributário antirracista?

Bom, o primeiro passo para essa construção é o diálogo. Dialogar como estamos dispostas a fazer aqui nessa mesa. Produzir no coletivo. Um sistema tributário antirracista não se constrói nas individualidades, nas disputas de egos que são bastante frequentes no direito como um todo e no direito tributário em especial. Um sistema tributário antirracista é urgente, mas não será de fácil estruturação. Requer alianças com grupos historicamente privilegiados. Requer redução consciente de privilégios, reorganização de dinâmicas fiscais em detrimento dos interesses do *status quo*, priorização da redistribuição de riquezas para grupos oprimidos, requer comprometimento com a emancipação.[29]

A aula termina e percebo que paira uma tensão no ar. As reflexões desenvolvidas vão demandar tempo e outras leituras de mundo para encontrarem validação na intelectualidade destes estudantes em formação. Saio satisfeita e consciente de que a missão de uma professora engajada com uma educação jurídica antidiscriminatória só se cumpre quando novas fronteiras são descortinadas nos horizontes dos alunos e alunas. Ensinar exige audácia, construir um sistema tributário antirracista também.

---

29 Este texto foi publicado pela primeira vez no Jota sob o título: Sistema tributário: não basta ser feminista, é preciso ser antirracista.

CAPÍTULO 5
O USO DO SISTEMA TRIBUTÁRIO COMO INDUTOR DE DISCRIMINAÇÕES

O DIREITO TRIBUTÁRIO EM DISPUTA

Estávamos no meio da aula sobre *tributação, gênero e raça*, quando um aluno pediu a palavra na roda de conversa que estabelecemos. Prefiro organizar minhas aulas em círculos, para que todos possam se ouvir enquanto também se olham nos olhos. Aprendi com bell hooks que ensinar exige conexão, mas foi na vivência de sala de aula que compreendi que aprender exige mais conexão ainda.

O aluno, bastante estimulado pelo debate que forçava os limites do direito tributário para além dos cânones que a academia insiste em cultuar, estava intrigado sobre a abrangência de discussões que o debate suscitava e inquiriu se isso era mesmo parte do conteúdo jurídico. Se aquele debate que promovíamos coletivamente naquele momento integrava o direito. Para além disso, fez emergir um outro debate que o professor de filosofia do direito suscitou e que merecia toda a nossa atenção. Ele questionou se o direito era mesmo uma ciência. A sala se alvoroçou num frisson que agrada a qualquer professora engajada em uma pedagogia emancipatória.

Ouvimos muitos comentários sanguíneos sobre as possibilidades que o debate acerca de ser o direito uma ciência ou não podia oferecer. Quis contribuir provocando outras reflexões.

Me posicionei explicando que fico pensando se estes debatedores não estão sempre partindo do mesmo lugar, eurocentrado, para um olhar acerca do que é ciência. E aí, neste debate hegemônico, ciência é sempre o que é produzido pela racionalidade... e racional é sempre o outro. Fico um pouco incomodada com os rumos que são dados ao debate. Mas considero-o muito válido.

> Me levantei e fui ao quadro escrever a seguinte sequência de provocações:
> *Se o direito não é ciência, o que é ciência?*
> *E se ciência é algo limitado, o que fica de fora desses limites é o que?*
> *E se fica de fora, então não é válido na academia?*
> *E se não é válido na academia...*

Pedi para responderem as indagações e completarem a frase disposta acima. Em seguida, pedi para refletirem sobre os estereótipos implícitos que este debate quer evidenciar.

Uma aluna me perguntou por que precisávamos tratar daquele assunto numa aula de direito tributário, que deveria versar sobre outros temas e os quais ela considerava bem mais importantes. Fiz questão de explicar que a academia e nós, acadêmicas nas mais diversas medidas, precisamos olhar muito para isso e nos repensar. Ademais, pode ser que este debate pareça algo distante da pauta que predomina em nossa sala de aula, mas não é. A todo instante somos convidadas a refletir sobre o direito, a ciência e os saberes que ela alberga. Não devemos recusar este convite por que definir "o que o direito é" implica também, e em contrapartida, dizer "o que o direito não é".

Passei a explanar.

A jurista feminista negra Angela Harris[30], em seus estudos sobre teoria racial crítica, contribui bastante para este debate ao defender uma necessidade dos grupos dissidentes de promoverem lutas contra o direito, mas também e simultaneamente estes

---

30 Jurista estadunidense profundamente envolvida com a produção de uma teoria racial crítica. A autora tem uma produção bastante relevante, mas ainda possui poucos textos traduzidos para o português.

mesmos grupos ainda precisam do direito para terem seus direitos protegidos e um mínimo de garantias para materializarem sua condição cidadã prevista constitucionalmente. Então o que se vê é um dilema que precisa ser enfrentado no debate que atravessa corpos oprimidos por marcadores sociais como raça, classe, gênero e tributação. Neste dilema, de um lado está a necessidade de se impor contra o direito nos moldes tradicionais, machista, racista, desigualador, e, portanto, injusto, que predomina no cenário nacional e internacional. Mas também precisamos desse direito para conseguirmos estabelecer condições mínimas de sobrevivência e resistência. Há uma dimensão da luta que é *contra o direito* e há uma outra que precisa se fazer *com o direito*.

Penso que o debate cientificista precisa ser travado sobre outras bases, que partam aqui do nosso sul global, que considerem nossas peculiaridades e as disputas que existem aqui. O direito está em disputa. A ciência também, bem como seus limites e o que cabe dentro deles. E quem está disputando? Pensar nestes corpos que estão disputando é fundamental. Porque a depender do que for posto como direito, das fronteiras que este precisará respeitar para ser ciência (o que for definido como tal) o que ficará de fora será tratado como?!

Fui conduzindo o debate para outra direção com o intuito de demonstrar as armadilhas que existem na delimitação da noção de ciência. Por exemplo, durante séculos as mulheres eram as responsáveis por trazer as crianças ao mundo. Essas mulheres tocavam na barriga e sabiam dizer se a criança estava virada, se estava em sofrimento, se era a hora de fazer nascer e mais. Aí começaram a tratar este conhecimento como algo sensitivo, que não era científico. Os médicos (homens) então começaram a se apropriar dessa tarefa, alegando que para fazer este trabalho era necessário saber uma ciência que só a academia era capaz de oferecer. Com o tempo essa tarefa de trazer ao mundo foi sendo apossada por homens cientistas. E o argumento girava em torno do fato de que aqueles saberes outros não eram ciência. Vejam então como se pode induzir os rumos deste debate para excluir grupos que se quer ver de fora.

Tenho essa mesma impressão para o modo como os debates sobre ser o direito uma ciência ou não são conduzidos. Porque implica em determinar o que é ciência. E aí quem decide isso está na verdade decidindo muito mais. Está dizendo inclusive quem pode fazer ciência, quem produz conhecimento científico.

Talvez o direito não seja ciência se a noção de ciência for estreitada. Mas e se talvez a noção de ciência precisar ser expandida. Será que podem caber outros saberes na academia? Outros modos de pensar e fazer?

Muitas mãos levantadas. O debate ganha fôlego e as vozes ecoam longe. A academia é feita de palavras. Muitas ideias, pontos de vista diferentes e até mesmo divergentes, reflexões necessárias. Estávamos tão empolgados com a discussão deste tema que perdemos a hora. Encerro os trabalhos com um pequeno atraso. Ando pelos corredores já vazios da instituição até a sala dos professores. Decidimos prosseguir na próxima aula com o mesmo tema.

No outro dia pela manhã recebo uma ligação do coordenador. Sou informada de que alguns alunos fizeram uma reclamação alegando que eu estava me desviando do plano de curso ao tratar de outro tema em sala de aula. Expliquei o teor do debate e sua importância. O coordenador não se interessou. Fez questão de reforçar que sou paga para ensinar o que está no plano de ensino da disciplina de minha responsabilidade. Foi como se dissesse que *"se não está na ementa da disciplina, não está na academia"*.

"Pediu" para que eu não retomasse a discussão na aula seguinte e que me ativesse a cumprir o plano de ensino imposto institucionalmente. Me sugeriu tratar dessas questões em outro espaço e momento, na cafeteria da esquina talvez. Não desgostei da sugestão. Afinal de contas, para mim ciência não se produz só na academia.

Na aula seguinte me justifico alegando precisar correr um pouco com a matéria e não retomo o debate conforme havia combinado. Percebo alguns olhares insatisfeitos. Eu mesma não estou feliz com essa decisão que me foi imposta. Eu poderia desobedecer, afinal de contas não sou nada obediente. Mas preciso manter meu emprego. Não posso passar fome porque quis discutir se direito é ciência ou não. Uma certeza que tenho é que é do direito que tiro meu sustento. Então, direito para mim é sobrevivência.

Hoje, aqui na gestão da minha casa e dos afazeres domésticos - afinal de contas nós tributaristas também somos mães, donas de casa, gestoras do lar, enfim... somos mulheres vivendo uma vida real - precisei comprar um botijão de gás. Liguei para fazer o pedido e o valor que me apresentaram foi de cento e sete reais. Assustada, liguei para outro lugar e o valor era de cento e cinco reais, mas que seu pagasse em dinheiro vivo como costumam dizer (e não em cartão) me venderia um botijão de gás por cem reais, uma pechincha.

Fiquei pensando enquanto fazia o almoço... como pode um botijão de gás custar esse preço?! E quem ganha um salário-mínimo, como faz? Mais tarde vi uma reportagem no jornal contando que uma mulher teve 90% do corpo queimado ao tentar usar álcool líquido para cozinhar pois não tinha dinheiro para comprar gás. Pois é assim então, é isso que as pessoas que ganham pouco fazem. Elas se colocam em risco de morte para tentar sobreviver. Elas se arriscam. Isso quando têm comida para cozinhar. Muitas famílias nem isso tem. As doações de cestas básicas no Brasil sofreram uma grande queda neste ano. Quem doava também entrou em dificuldades. Em pesquisa do IPEAD/UFMG (Instituto de pesquisas econômicas, administrativas e contáveis de minas gerais) demonstrou-se que aqui em BH, o custo da cesta básica em agosto foi de R$ 574,53, isto é, 52,23% do salário mínimo.

É muito fácil constatar que há um adoecimento econômico da nossa sociedade e ninguém está imunizado, não há uma vacina pra isso. Nem mesmo os mais ricos podem ficar confortáveis em uma sociedade absurdamente desigual.

Mas por que começar uma fala sobre Reforma tributária e desigualdade de gênero e raça trazendo ponderações tão incômodas assim??!!! Ora, porque não há como se contornar certos pontos de inflexão quando o assunto é tributação, gênero e raça. E muito menos há como seguirmos olhando para o direito tributário sem encararmos as realidades das pessoas que sofrem com a tributação. As pensadoras feministas negras insistem em defender, e com razão, que teoria e prática precisam andar juntas. O entrecruzar dessas três retas (tributação, gênero e raça) é inevitável. Mas para além disso, e considerando a urgência da abordagem que nos traz aqui, e que é a reforma tributária, não é mais possível se pensar em reformar a tributação sem reflexões profundas sobre gênero e raça. Mas por que isso acontece?

A tributação implica no estabelecimento de um poder muito específico sobre nossas existências, o poder de tributar. Este poder autoriza que o estado alcance nossa esfera privada e de lá retire recursos para a mantença pública. O gênero implica em uma construção social que estabelece uma série de convenções desigualadoras e naturaliza relações de dominação entre homens e mulheres. A raça, embora seja um conceito carregado de fluidez, implica, a grosso modo, em um artifício de hierarquização de corpos a partir de critérios biológicos, psicológicos, culturais, intelectuais ou morais. Neste sentido, todos os três elementos-chave de nosso debate lidam de modo muito aproximado com o PODER. O poder é o elemento comum a todas essas categorias (tributação, gênero e raça). Então, numa inversão proposital do pensamento, quando tratamos de tributação, gênero e raça, estamos conversando, especifica e incontornavelmente, sobre poder.

As pesquisas demonstram que o Brasil é um dos países mais desiguais do mundo em termos de tributação, recaindo sobre 1% da população mais rica o percentual de 23,2% da renda total declarada aos órgãos fiscais, sendo este mesmo grupo o que menos sofre com a lógica regressiva do sistema tributário nacional. Dentro de uma sociedade tão desigual como é a nossa, falar sobre poder é abordar o assunto mais incômodo de todos. Então, não há como tratar de tributação, gênero e raça, sem suscitar desconfortos.

Mas é possível sim discutir estes assuntos pensando em um futuro em que os desconfortos sejam menores e menos incômodos do que são agora. E para isso precisamos falar em Reforma Tributária. A transformação do que é hoje e de como se lida hoje com a tributação é passo importante em direção ao conforto de um futuro melhor, ainda que distante, mas cuja necessidade de ser pensado e preparado é fundamental.

Pois bem, diante disso pondero: é possível ao sistema tributário nacional promover ou acentuar relações discriminatórias de gênero, raça ou classe? Entendo que sim, pois a dinâmica tributária que se estabelece através de uma predominância da tributação sobre consumo, acaba por direcionar o peso da carga tributária para os corpos que mais consomem itens de primeira necessidade e que são os que menos herdam, os que menos possuem propriedades ou bens duráveis, os que trabalham somente para sobreviver, para comprar gás a mais de cem reais e que compram ossos no açougue para satisfazer o anseio de carne, que anda pela hora da morte. São essas pessoas as que mais sofrem com o *modus operandi* da tributação que temos vigente hoje.

São essas pessoas, que gastam mais da metade do que ganham, pois neste grupo a maioria vive com renda que pouco excede a um salário-mínimo, que sofrem o peso da carga tributária fortemente regressiva em nosso país. Regressiva porque incidente prioritariamente sobre o consumo. Em contrapartida, o grupo menos onerado pela tributação, já que essa se impõe com mais leveza sobre patrimônio, renda e fortunas, é o que mais poderia contribuir para a equalização dessa realidade tão caótica. Os mais ricos, os herdeiros, os grandes proprietários, os donos das grandes fortunas.... seguem sendo tributados de maneira pífia se observadas as suas imensas possibilidades econômicas.

Não se trata, necessariamente, de se desejar que ricos empobreçam. Mas há uma esperança que me habita de que os miseráveis tenham ao menos o que comer todos os dias e que os pobres possam sonhar com um futuro mais saudável financeiramente para si e para os seus. Mas não me julguem mal imaginando que tenho uma visão romântica sobre a tributação. Não se trata de romantizar a questão. Se trata de compreender a importância que melhores condições de vida, menos pobreza e ausência de miserabilidade. Estudos demonstram que uma sociedade menos desigual é mais benéfica para todos, inclusive para os mais ricos.

Existe uma desigualdade cumulativa, que vai gerando mais e novas desigualdades, e que é muito prejudicial por produzir imobilidade social e reduzir oportunidades até mesmo dos mais pobres acessarem a classe média. Essa difícil mobilidade social acaba comprometendo o crescimento da economia, o que afeta o próprio mercado e desaquece a geração de riquezas inclusive para os muito ricos.

Mas como seria uma reforma tributária que contemple grupos minoritários? Uma reforma que apresente um sistema tributário antidiscriminatório e que, portanto, se estabeleça sobre bases metodológicas interseccionais é a resposta mais adequada a essa pergunta, sob o meu ponto de vista.

As inúmeras reformas que tivemos até o momento preservaram a lógica da regressividade porque tinham por objetivo implícito manter o *status quo*. Essa estrutura contamina intenções progressivas e que, efetivamente, poderiam servir para reduzir desigualdades entre ricos e pobres e, portanto, entre brancos e negros. Ao analisarmos a história da tributação no Brasil, o que se percebe é uma utilização dos impostos indiretos como catalizadores de desigualdades e não o contrário. Tais tributos têm servido para reforçar distanciamentos socioeconômicos e imobilizar socialmente grupos minoritários. Nenhuma das reformas que tivemos até hoje neste país deu conta de resolver este problema, ou de pelo menos amenizá-lo. Essas desigualdades catalisadas pelo sistema tributário somam-se a outras e as reforçam, tornando as demais desigualdades ainda mais proeminentes. Com isso, dilemas de raça, gênero e classe tornam-se mais severos quando atravessados pela tributação regressiva.

Mas é possível mudar este cenário? Uma reforma tributária que dê conta de transformações significativas em nossa sociedade de modo a favorecer grupos minoritários precisa considerar gênero e raça. Não só gênero e nem só raça. Mas sim essas duas categorias de hierarquização de poder e dominação social. Quando pensamos na categoria mulher precisamos considerar a negra. Quando pensamos na categoria negro precisamos considerar a categoria mulher. Quando pensamos em tributação desigual é imprescindível se pensar na mulher negra (gênero e raça se entrecruzando com o poder de tributar).

Deste modo, é importante considerarmos que não será qualquer reforma tributária que nos satisfará, que tornará menos desconfortáveis nossas relações sociais. Quaisquer reformas que direcionem para uma manutenção da regressividade permanecerá contribuindo para que permaneçam ou mesmo aumentem desigualdades de gênero e de raça. Atualmente, integro o grupo de estudos Tributação e Gênero, vinculado à FGV, ao Tributos a Elas e ao WIT – women in tax e propusemos alguns projetos que integram a reforma atual. Dentro destes projetos estamos interessadas em colocar as questões de gênero e raça no seu lugar incontornável.

Considero importante que reformulemos todo o sistema tributário nacional com o intuito de torná-lo predominantemente progressivo, impactando quem ganha mais, quem pode mais e quem sempre ocupou o lugar do dominador, do privilegiado em nosso país. Uma reforma tributária que crie estratégias de desoneração para grupos minoritários é um caminho possível e necessário. Uma reforma tributária que esteja interessada em considerar o entrecruzamento de tributação, gênero e raça é a que está em nossa agenda e merece ser ponto de nossas insistências teóricas e práticas. Precisamos pensar sobre isso para transformar a nossa realidade e não deixar que nossa população precise se arriscar para sobreviver em condições precárias e se exponha a perigos inomináveis porque não sobra um tostão sequer para comprar um gás de cozinha. Será que existe alguma reforma tributária que possa transformar essa realidade? Se existe, que caminhemos para ela. Se não existe, então precisamos inventar uma que dê conta disso. E é urgente.

A aula termina e caminho em direção ao elevador. Um aluno me espera e questiona se minha visão sobre reforma tributária não era otimista demais. Eu sorrio surpreendida pela pergunta. O aluno é um jovem que tem muito futuro pela frente. Eu já sou uma jovem senhora que alcança quase metade de uma vida longa. Eu respondo sorridente: não me acho uma otimista inocente, mas estou trabalhando arduamente para construir futuros possíveis para meus filhos e netos, para seus filhos e netos. Não sou otimista, sou afrofuturista e o direito tributário está na minha mira. Chegamos ao térreo, ele se despede e desce. Eu sigo para a garagem que fica no subsolo.

CAPÍTULO 6
AS LIMITAÇÕES CONSTITUCIONAIS AO PODER DE TRIBUTAR E A QUESTÃO RACIAL

(A IMPOSTORA SOU EU)

Desde criança me lembro que sempre que minha autoestima começava a se elevar, vinha alguém e tratava de conduzi-la direto para o fundo do poço mais fundo que já existiu em mim.

Ainda nos primeiros anos de escola me achava uma aluna promissora, intelectualmente apta para brilhar. Havia algo dentro de mim que dizia que eu seria capaz de grandes feitos. Minha professora de português percebeu isso, ela viu potencial em mim. Mas ela não gostou nada do que viu. Houve um empenho sistemático, da parte daquela mulher branca, em retirar da criança que eu era qualquer esperança de vencer, de ser grandiosa e reconhecida. Minhas redações eram diminuídas, minhas tentativas resilientes eram desencorajadas. Eu aprendi, nos primeiros anos escolares, que não deveria me destacar porque isso era muito ruim. Aprendi que deveria ser humilde, muito humilde.

Mais e sempre mais humilde. Aliás, essa era uma frase corriqueira em minha juventude e vida adulta. "Seja humilde", "não pense que você é especial", "você nem é tão boa assim para ser tão arrogante", "não se imagine despregada do rebanho", "sinta-se comum", "constate-se invisível", "invisibilize-se". Essas eram frases que eu ouvia de muitas pessoas, mas não porque elas as diziam com todas essas palavras. Elas só diziam que eu devia ser humilde. Mas eu entendia que essa era mais uma daquelas frases combo, em que você escuta um pedacinho e os outros se desdobram e ficam reverberando dentro da sua cabeça. Era assim comigo.

Na adolescência, quando me preparava para o vestibular, fui sistematicamente desencorajada sobre minha capacidade intelectual. Um professor de física – e nem de longe esta foi minha matéria preferida - que tive no primeiro ano do segundo grau se mostrava eufórico todas as vezes em que um outro aluno tirava nota melhor que eu. Fui a melhor aluna da turma por um bom tempo, mas depois meu rendimento foi caindo num movimento descendente incontrolável. Era muito explícita sua satisfação em ver minha derrocada. Ele dizia em alto e bom tom, "fulano tirou nota maior que você, precisa estudar mais". Suas palavras saiam espremidas por um sorrisinho de canto de boca e entre seus dentes encavalados.

Já adulta, num estágio que fiz durante a faculdade, minhas peças processuais bem elaboradas e meu comprometimento profissional eram sempre lidos como falta de humildade. Quanto mais segura de minha capacidade intelectual eu ficava, mais intensos eram os olhares repugnantes que me direcionavam. Eu causava um incômodo nítido toda vez que brilhava. Por isso fui me apagando, pouco a pouco, para não incomodar mais.

Passei anos tentando aprender a lidar com a tal frase de alerta "seja humilde". Via as pessoas não sendo nada humildes ao meu redor e permanecendo tudo bem. Mas eu precisava ser. Se eu não fosse humilde não seria aceita pelo grupo, não seria acolhida pelos pares.

Levei anos para compreender que essa tal humildade a qual se referiam e me impunham como um conselho generoso era um acúmulo de pás cheias de terra que iam jogando sobre mim. Eu estava sendo enterrada. Pior, eu estava me enterrando, porque chegou um momento em que não precisaram mais me aconselhar. Eu já havia incrustrado no âmago o ensinamento e sabia que precisava ser humilde mesmo quando não me diziam. Mas até hoje, uma vez ou outra, ainda dizem.

De uns anos para cá, estudando teorias feministas, compreendendo melhor as estratégias de invisibilização de corpos dissidentes, entendi que não se tratava de um conselho altruísta, foi então que a minha chave virou. Quando me diziam que precisava ser humilde, estavam na verdade tentando me aliciar para que eu me tornasse invisível por conta própria. Eles precisavam de uma aliada para o meu apagamento e ninguém melhor do que eu mesma para essa missão. Eu fui aliciada para me sabotar contínua e incessantemente.

Aprender sobre essa minha condição de auto invisibilizada foi tão aliviante quanto perturbador. Senti um alívio por perceber como eu mesma havia comprado os argumentos vazios de uma sociedade que não suporta ver um corpo dissidente insubmisso. Mas senti também uma perturbação intensa pelo mesmo motivo. Sentia um alívio por perceber que não era verdadeiramente culpa minha, que eu não era má ou repugnante por ser boa, capaz e competente. Sentia uma perturbação por precisar me diminuir para caber no mundo.

Também sinto isso como uma tributarista negra. Nunca me acho preparada ou suficientemente boa. Fui treinada para achar que o meu modo de pensar não era adequado para o direito tributário, pois partia de um lugar muito subjetivo. O movimento de se pensar a tributação a partir da realidade vivida, das experimentações interpessoais não são encorajadas pelo mainstream tributário e nem mesmo é considerado saber tributário. É tudo, menos epistemologia tributária. Então, fui deixando para lá, fui me diminuindo.

Chegou um momento em que não aguentei mais me encolher epistemologicamente e parar de pensar em novas metodologias fiscais para meus alunos e alunas. Eu precisava pensar o direito tributário de outros modos, promover outros arranjos cognitivos para a dinâmica fiscal. Precisava trilhar outros caminhos e alargar meu mundo para que ele pudesse me caber melhor.

Hoje minha principal tarefa é pegar toda a terra que jogam sobre mim e usar para diminuir a profundidade do poço em que me mantive enterrada por décadas. Ainda precisarei de tempo, pois há muito trabalho a fazer. O sinal abre e sigo meu caminho para a faculdade. Minha aula de hoje será sobre remissão tributária. Mas cá dentro de mim não estou disposta a remir pecados que não cometi.

Logo que ingressei no doutorado decidi escrever um livro, pois estava muito impressionada com a quantidade de informações, autores, pensamentos e teorias aos quais tive acesso logo no primeiro ano de disciplinas cursadas.

É impressionante a gama de conteúdo que a academia alberga sem deixar que ultrapassem os limites que enclausuram saberes que poderiam, muito bem, estar ao alcance de todas e todos.

Me penso como uma profissional dotada de um grande compromisso com a sociedade a minha volta. Tenho a missão de levar ao maior número possível de pessoas o que aprendo na academia. Por vezes, me sinto solitária no exercício da docência, porque parece que há uma dimensão do conhecimento que seus detentores, meus colegas, não querem verdadeiramente compartilhar. Esta sensação não é somente minha. Me recordo de, ainda na graduação, ouvir comentários frequentes de que, no direito, os professores não tinham um interesse profundo em ensinar tudo, tudo o que sabiam, pois ao fazerem isso estariam criando competidores de alto nível para o exercício da advocacia. Considero essa lógica narcisista de alguns um verdadeiro horror, mas não posso desconsiderar que essas histórias tenham um fundo de verdade.

Eu não penso e nem conduzo minha docência assim. Sou uma professora generosa, quero transmitir tudo o que sei enquanto aprendo na troca constante de experiências e saberes. Mas sei que não há muitas como eu. A academia também é um lugar de competitividade. Nem é algo de se espantar, considerando-se que conhecimento é poder. Quem quer compartilhar poder, venhamos e convenhamos?! Por isso a academia está sempre envolta num mistério, como uma bruma a afastar curiosos indesejados.

Mas eu sou ponte. Sempre tive essa compreensão do exercício docente. Professor precisa ser ponte para levar o conhecimento até o outro lado. Uma professora negra precisa ser ponte, escada rolante, via de mão dupla e tudo o mais que permita trânsito, passagem, deslocamentos, movimentações. Uma professora e jurista negra precisa ser aquela que desvenda os mistérios, que ensina a desvendar e que desfaz as brumas do caminho.

Mas, neste meu movimento, de partilha e espalhamento de saberes, percebo que não sou muito bem-quista por meus pares. Em várias ocasiões me sinto observada e condenada por olhares que me acusam de ter ensinado o caminho das pedras para quem não tinha permissão de caminhar.

Ser essa pessoa, confesso, me traz certo orgulho, porque estou certa de que conhecimento precisa ser compartilhado. Mas também sei que este meu comportamento generoso me coloca na posição de impostora do grupo de intelectuais ao qual tento me integrar. Me veem como se eu fosse aquela que está ali para descobrir os mistérios e ensinar aos demais, aos que não deveriam saber. Como uma Prometeu de saias e carapinha que rouba a chama do conhecimento e que merece ter mais que o fígado devorado, merece ser inteiramente devorada, engolida, invisibilizada, ignorada e apagada da história.

Há uma dupla dimensão na condição de impostora que implica na formação da identidade de uma professora e jurista negra. Ao mesmo tempo em que jogo contra mim ao ser aquela que se autossabota a todo instante desdenhando de meu próprio potencial, também sou aquela que ao partilhar saberes e abrir caminhos é lida como impostora, a traidora, por aqueles que deveriam ser meus pares na jornada de ensinar. Mas não sou só eu que ocupo este lugar dúbio, o direito tributário também se posiciona assim. Ao mesmo tempo em que pode melhorar as condições de vida de grupos minoritários, também pode servir para catalisar desigualdades e perpetuá-las.

O Sistema Tributário Nacional apresentado pela CR/88 organiza suas limitações ao poder de tributar também em uma dupla dimensão, limitações positivas e limitações negativas. As limitações positivas ao poder de tributar são os princípios tributários[31]. Tais princípios se estruturam em diálogo com os demais princípios previstos constitucionalmente e devem se alinhar com direitos e garantias fundamentais.

As limitações constitucionais ao poder de tributar, sejam elas positivas ou negativas, precisam, portanto, se harmonizar aos demais preceitos previstos constitucionalmente e que se organizam com o intuito de materializar os corolários do Estado Democrático de Direito. Neste sentido, tanto os princípios tributários quanto as imunidades tributárias, lidas estas últimas como limitações negativas ao poder de tributar, devem considerar os dilemas da realidade social brasileira para se articularem de modo a promover justiça fiscal.

Partindo de uma noção de justiça que considere uma *igualdade de resultados*[32] para todos os grupos que compõem determinada sociedade, para que tal noção esteja sintonizada com os preceitos defendidos pelo Estado Democrático de

---

[31] Há princípios constitucionais explícitos e implícitos. Neste texto concentrarei a abordagem somente em alguns princípios tributários de modo a evidenciar a relação complexa que existe entre eles e a questão racial.

[32] Neste sentido, Liam Murphy e Thomas Nigel explicam que "o esquema tributário justo é aquele se insere num conjunto de instituições econômicas que, em sua totalidade, produzem resultados sociais eficientes e justos". MURPHY, Liam; NIGEL, Thomas. O mito da propriedade: os impostos e a justiça. São Paulo: Martins Fontes, 2005, p.129.

Direito, necessita ter a raça como elemento central. Somente com a centralidade da raça na construção da justiça é que os princípios tributários darão conta de materializar-se nas relações fiscais de modo a produzirem os efeitos de limitadores positivos ao poder de tributar, direcionando os contornos e modos da tributação para que esta não se volte contra o contribuinte e passe a conformar-se como mais uma forma de opressão social que reforça a imobilidade da pirâmide social, cuja imagem, fotografada de modo recorrente pelas pesquisas, preserva os mesmos contornos há séculos, estando no topo os mesmos grupos de sempre e na base aqueles mesmos que por lá ficam, sai geração, entra geração.

Com isso, é adequado constatar que somente se alcançará justiça fiscal quando a raça figurar como elemento central para a materialização deste ideal socioeconômico. De outra maneira, o que se terá são tentativas falaciosas que manterão tudo como sempre foi, ou seja, uma sociedade desigual e organizada para beneficiar a um pequeno grupo de privilegiados que pouco contribuem para reduzir desigualdades.

A redução de desigualdades sociais, conforme disposto no art. 3º do texto constitucional, é um dos objetivos fundamentais da República Federativa do Brasil e deve dialogar, para que se efetive, com os princípios tributários que estão arrolados no art. 150 do mesmo texto. Mas para que se reduzam desigualdades é necessário, de antemão, se compreender quais são os principais elementos deflagradores dessas mesmas desigualdades.

As pesquisas apresentadas pelos principais institutos do país, interessados em compreender as desigualdades socioeconômicas que permeiam as relações sociais brasileiras, destacam que o elemento "raça" sempre aparece evidenciando desvantagens. Os mais pobres são negros, as mais pobres são negras. Os corpos mais vulneráveis, ao se considerar saúde e segurança pública, são corpos negros. Os índices de acesso à educação seguem favorecendo corpos lidos socialmente como brancos. Esporte e cultura continuam direitos predominantemente atrelados a grupos dominantes economicamente, e, portanto, brancos. Por conta disso, é possível se comprovar que a raça é determinante para a construção do cenário atual em que o país se encontra e para a preservação de desigualdades.

Mas o Sistema Tributário Nacional apresenta como um de seus princípios mais caros a igualdade ou isonomia tributária. O inciso II do art. 150, CR/88 determina:

> Art. 150. Sem prejuízo de outras garantias asseguradas ao contribuinte, é vedado à União, aos Estados, ao Distrito Federal e aos Municípios:
> (...)
> II – instituir tratamento desigual entre contribuintes que se encontrem em situação equivalente, proibida qualquer distinção em razão de ocupação profissional ou função por eles exercida, independentemente da denominação jurídica dos rendimentos, títulos ou direitos; [33]

Quando a tributação se materializa na vida do contribuinte, entretanto, as distinções sociais, econômicas e culturais não deixam de aparecer. Desta forma, todo o esforço normativo para amenizar desigualdades é jogado por terra quando a realidade se impõe sobre a dinâmica tributária. Há uma incoerência entre a norma e a realidade na incidência da norma.

Em atualização à obra de Aliomar Baleeiro, Misabe Derzi explica que:

> Princípios como generalidade, igualdade e universalidade de tributação, por via dos quais se erradicam imunidades e privilégios, conferidos a pessoas em razão do exercício de cargos ou funções, e se abole o tratamento tributário desigual mais gravoso para uns do que para outros, estão a serviço de um conceito de democracia mais concreto, mais completo, que arma de defesa a minoria político-econômica (que pode corresponder à maior parcela da sociedade), frente à decisão de uma elite economicamente dominante. Igualmente as isenções e outros favores fiscais

---

[33] Constituição da República Federativa do Brasil de 1988. Disponível em http://www.planalto.gov.br/ccivil_03/Constituicao/Constituicao.htm, acesso em 10/06/2021.

que privilegiam, em geral, grupos econômicos dotados de grande capacidade contributiva, não podem servir a interesses privados, em detrimento da maior parte, mais pobre e desprotegida dos mesmos benefícios. O princípio da igualdade aparece, então, como proibição de distinguir, seja a que título for. Em especial, mecanismos de defesa das minorias políticas.[34]

Entretanto, como apresentado pelas pesquisas, na prática tais princípios não cumprem sua função de erradicar privilégios. Muito pelo contrário, o modo como são articulados para sua aplicação acaba por conferir e fortalecer desigualdades. Essas categorias como "generalidade" e "universalidade" acabam por preservar uma lógica liberal que defende uma neutralidade tributária que, como já explicado, se funda num mito de democracia racial que não se sustenta estatisticamente. Os estudos desenvolvidos pela Teoria Racial Crítica defendem que "a neutralidade racial ou concepções 'formais' de igualdade, que se expressam em regras que insistem em um mesmo tratamento para todas as ocasiões, só conseguem remediar as formas mais flagrantes de discriminação (…)"[35] mas não dão conta de resolver as demandas cotidianas que ficam encobertas pelo manto da racionalidade generalista.

A capacidade contributiva do contribuinte, por exemplo, precisa ser considerada tendo em vista as disparidades que compõem as realidades sociais dos grupos afetados pela tributação. Não há como se naturalizar o argumento de que corpos periféricos sentem o impacto da carga tributária do mesmo modo como os sente a elite. Sem uma aplicação persistente da progressividade tributária, o princípio da capacidade contributiva não dará conta de enfrentar os dilemas raciais brasileiros[36].

---

[34] DERZI, Misabel in BALLEIRO, Aliomar. Limitações constitucionais ao poder de tributar. 8.ed. atualizada por Misabel Abreu Machado Derzi. Rio de Janeiro: Forense, 2010, p.8-9.

[35] DELGADO, Richard; STEFANCIC, Jean. Teoria crítica da raça: uma introdução. São Paulo: Editora Contracorrente, 2021, p.33.

[36] Embora não aborde a questão racial, o texto de Hugo Rodrigues e Antônio Oliveira contribui muito para a compreensão da progressivi-

Também não é viável se considerar que a tributação de grandes fortunas inviabilizaria o desenvolvimento econômico do país, tornando mais pobres os ricos e mantendo pobres como estão.

Em outro importante princípio tributário encontra-se a vedação ao confisco, determinando-se que a tributação não pode servir para retirar do contribuinte o mínimo necessário à sobrevivência digna. Neste sentido, evidencia-se outra contradição da norma com a realidade fiscal, ao se constatar que a tributação acaba incidindo sobre alguns determinados grupos de modo a destitui-los de toda e qualquer possibilidade de sobrevivência minimamente digna. Servindo, para além de dificultar o acesso a bens duráveis de consumo, como um imobilizador da pirâmide social. Estes corpos, que são majoritariamente negros, acabam gastando todo o pouco que ganham com itens básicos de sobrevivência e, com isso, mais da metade do que ganham acaba sendo direcionado para o pagamento de tributos indiretos. Embora teoricamente o tributo não tenha um efeito confiscatório, na prática é algo muito próximo disso que acaba acontecendo na realidade dos corpos que compõem a base da pirâmide social.

Numa leitura detida dos principais manuais dedicados à matéria tributária no país, é possível observar que a questão racial não aparece como eixo na aplicação dos princípios constitucionais. Na verdade, a questão racial não aparece de modo algum. Deste modo, evidencia-se uma dissonância entre a intenção doutrinária e normativa de respaldar e materializar corolários de um Estado Democrático de Direito, que precisa considerar raça, e a prática tributária que, ao se impor

---

dade e sua estreita relação com a materialização de justiça distributiva, ao fazer com que a tributação se imponha com maior peso sobre ricos para se transferir essa riqueza aos mais pobres em forma de bens e serviços (RODRIGUES, Hugo Thamir; OLIVEIRA, Antonio Furtado de. A regressividade do sistema tributário brasileiro. 2017. Disponível em https://online.unisc.br/acadnet/anais/index.php/ppds/article/download/16449/4096. Acesso em 30/10/2021). Este movimento fiscal acaba por repercutir positivamente sobre corpos negros, que compõem a camada mais pobre da sociedade segundo as pesquisas.

sobre a realidade, afasta-se dos ideais democráticos de justiça fiscal ao não promover igualdade.

Na prática, a opção por uma tributação que prioriza o consumo e serviços, em detrimento de uma incidência tributária mais severa sobre patrimônio e renda, evidencia uma escolha política por se respaldar no Sistema Tributário Nacional o mito fundador da democracia racial. Não se trata exclusivamente de uma questão de classe, tendo em vista, como demonstram as pesquisas, que no recorte social a raça desponta como elemento determinante. Deste modo, por conta dessa escolha de política fiscal, o ato de tributar se impõe de forma injusta sobre corpos que ocupam a base da pirâmide social e que não adquirem bens duráveis e nem constituem renda suficiente para formar herança a ser transmitida para seus descendentes.

A ausência de uma articulação síncrona entre princípios tributários e política fiscal acaba por gerar injustiça fiscal, reforçando desigualdades. Mas há mais complexidades a serem consideradas. Os princípios tributários, por si, não reforçam condições discriminatórias e desiguais. A política fiscal, por sua vez, possui forte derivação ideológica e reflete a cultura da democracia racial que legitima uma neutralidade racial na tributação. Deste modo, os princípios tributários serão aplicados de forma justa quando a política fiscal tiver centralidade na raça, quando o Sistema Tributário Nacional não for neutro em relação aos processos de hierarquização de corpos em decorrência da raça. A neutralidade racial da tributação não se sustenta diante da regressividade fiscal.

Os dados comprovam que há prevalência de uma lógica de tributação no país que preserva um modelo regressivo desde sua origem, sempre buscando desonerar os grupos dominantes e repercutindo fortemente sobre a camada trabalhadora e dominada. Essa regressividade não se materializa somente através de estratégias de oneração dos grupos dissidentes, mas também e sobretudo através de uma desoneração dos grupos dominantes. Trata-se, portanto, de uma estratégia que preserva os ricos sempre ricos e os pobres sempre pobres. Os negros sempre à margem e os brancos sempre no centro (considerando essas categorias – margem e centro – como espaços de trânsito de poder).

A sociedade brasileira, como demonstram as pesquisas, é bastante desigual. Neste sentido, as desigualdades catalisadas pelo sistema tributário somam-se a outras e as reforçam, fazendo com que as demais desigualdades fiquem ainda mais proeminentes e nocivas. Com isso, dilemas de raça, gênero e classe tornam-se mais severos quando atravessados pela tributação regressiva.

Essa regressividade, que se materializa através de uma incidência maior da tributação sobre o consumo, coloca sob desconfiança a concretização dos ideais defendidos diuturnamente pela CR/88. Este modelo de tributação insiste em manter a vulnerabilidade dos corpos negros, que são os mais vulneráveis socialmente desde o período colonial – em que não eram nem mesmo considerados corpos, mas sim mercadorias, conforme mencionado anteriormente.

Dessa preservação da vulnerabilidade que é reforçada por uma tributação regressiva e que empobrece e precariza sem medidas, outros dilemas que recaem sobre o corpo negro acabam sendo indiretamente reforçados, como o genocídio da população negra, o super encarceramento da população negra, a precarização do trabalho dos corpos negros e a vulnerabilidade sanitária deste grupo social. Tudo isso permite a constatação de que, de alguma forma, o Sistema Tributário Nacional e sua persistente regressividade são contribuintes de uma política maior de hostilização de vidas negras.

Tomando por base o conceito de Achille Mbembe, é possível se considerar que o uso persistente da regressividade tributária se materializa como uma das facetas da necropolítica[37] que, através da tributação, mantém comprometida a

---

[37] O autor camaronês considera essa categoria, que emerge do seu diálogo com a teoria do biopoder de Michel Foucault, como o poder de ditar que pode viver e quem deve morrer. Para um aprofundamento

redução de desigualdades e perpetua a imobilidade socioeconômica destes corpos no espaço mais vulnerável da camada social. Nestes termos, em matéria tributária também é possível se perceber uma necropolítica fiscal.

A necropolítica fiscal é estratégia que se vale da tributação para definir quais serão os corpos que bem-viverão e quais serão aqueles que sobreviverão precariamente ou fenecerão. Quais serão os corpos que poderão vivenciar a experiência tributária como uma ferramenta de justiça fiscal, promotora de bem-estar através de políticas públicas eficientes; e quais serão os corpos que vivenciarão a experiência tributária como sendo mais um instrumento de opressão social que, associada a outros muitos marcadores, serve para capturar aquele corpo na imobilidade da base da pirâmide social, exposto à morte e à miserabilidade de uma vida sem esperanças. O uso persistente da regressividade tributária é uma escolha política que se harmoniza com propósitos da necropolítica fiscal, ao mesmo tempo em que se afasta dos ideais constitucionais albergados à luz do Estado Democrático de Direito.

A análise da história da tributação através de impostos indiretos no Brasil, demonstra que há uma utilização destes como catalisadores de desigualdades e não o contrário. Tais tributos têm servido para reforçar distanciamentos socioeconômicos e imobilizar socialmente grupos minoritários. Impende destacar que mesmo havendo uma propensão à regressividade dos impostos indiretos, vê-se um claro tensionamento desta regressividade para bem além do aceitável ao se constatar que mais da metade da carga tributária nacional materializa-se em tributação sobre consumo e serviços.

Em outra frente, o estabelecimento de políticas de isenção de tributação sobre lucros e dividendos repartidos entre sócios e acionistas, bem como a implementação da dedução sobre capital

---

no tema recomendo a leitura do livro Necropolítica. MBEMBE, Achille. Necropolítica: biopoder, soberania, estado de exceção, política da morte. São Paulo: n-1 edições, 2018.

próprio, reforçam o caráter regressivo da tributação e o empenho em se desonerar os grupos que mais poderiam contribuir, fazendo recair o peso da carga tributária sobre aqueles que já estão fortemente oprimidos por outros marcadores.

Sendo assim, aqueles que já são historicamente oprimidos por questão de raça, gênero ou classe, ainda passam a ser oprimidos também pela tributação. Essa sobreposição de opressões se estabelece de maneira simbólica, mas possui repercussões bastante reais sobre a construção de uma justiça fiscal brasileira.

Sendo a raça o principal elemento desigualador na materialização do ato de tributar, deve ser este elemento o principal ponto de torção para a promoção de igualdade e justiça fiscal. Quando o elemento "raça" estiver no centro da tributação, então será possível considerar a viabilidade dos princípios tributários na redução de desigualdades sociais e, portanto, ter-se-á materializado um dos principais objetivos da República Federativa do Brasil. Mas como fazer isso?

Mais uma semana letiva se encerra. Minhas alunas e alunos estão interessados em educação fiscal. Estão aprendendo a pensar o direito tributário para além de uma fictícia neutralidade de um sistema que, na verdade, se mostra extremamente melífluo para grupos privilegiados e que flui amargo para os grupos subalternizados por marcadores de gênero, raça e classe.

Sou uma professora negra que está interessada em formar tributaristas que pensem como negras e negros. É por isso que a raça está no centro do meu debate. Mas não só por isso. Demonstrar que raça e tributação são temas indissociáveis é dar visibilidade ao que está escondido por debaixo do tapete de um discurso tributário elitista, injusto e ultrapassado.

CAPÍTULO 7
TECENDO UM DIREITO TRIBUTÁRIO DECOLONIAL

(POR UM SISTEMA TRIBUTÁRIO FEMINISTA)

Nosso sistema tributário é neutro no que tange a questões raciais? Para responder a essa pergunta, convido você para ponderarmos juntas[38] sobre alguns aspectos. Vejamos: o sistema tributário nacional é construído sobre bases coloniais, que se molda com o intuito de resguardar privilégios e preservar o *status quo*, e segue perpetuando seu caráter colonial e dominador. Este sistema reproduz uma lógica elitista, patriarcal e racista, além de concentrar-se numa relação binária e opositora entre opressores e oprimidos. Tal se dá por conta do *modus operandi* do sistema tributário que, na materialização de sua função arrecadatória, segue desigualando quando deveria, na verdade, estirpar desigualdades. Um sistema tributário que serve para reforçar dinâmicas de opressão (sejam elas de gênero, raça ou classe) viola a constituição, sendo, portanto, inconstitucional. Ter essa compreensão da magnitude do debate que me esforço para travar aqui é importante pois não estou simplesmente discutindo um viés da atuação do estado, que seja a tributação, estou me debruçando sobre um dilema constitucional de primeira ordem, que é a constitucionalidade de um sistema tributário que se propõe neutro,

---

38 Neste texto opto por trabalhar com o pronome feminino, provocando o leitor a refletir sobre as exclusões linguísticas que predominam no campo científico e sobretudo no Direito Tributário, tão marcado pela invisibilização do feminino. Nós mulheres somos maioria quantitativa no Brasil e este texto considera essa predominância. O convite ao diálogo é para todas e todos, mas o verbo será feminino porque somos maioria.

mas que se impõe como discriminatório. Quero dizer, portanto, que o sistema tributário nacional necessita ser dissecado e reformulado para que deixe de servir aos fins de uma colonialidade do poder[39] e passe a contribuir para a consolidação dos corolários do estado democrático de direito.

Compreender se é possível ao sistema tributário nacional promover ou acentuar relações discriminatórias de gênero, raça ou classe é a questão central deste estudo, que se estrutura com o intuito de defenestrar a dinâmica tributária a fim de se compreender como pode o sistema tributário ser utilizado para reforçar relações de poder e dominação dentro da sociedade brasileira. Pretende-se também apresentar estratégias para que o sistema tributário nacional se torne menos discriminatório, ou mais próximo de ser chamado de anti-

---

[39] A "colonialidade" é um conceito que foi introduzido pelo sociólogo peruano Anibal Quijano, no final dos anos 1980 e no início dos anos 1990. Quijano deu um novo sentido ao legado do termo colonialismo, particularmente como foi conceituado durante a Guerra Fria junto com o conceito de "descolonização" (e as lutas pela libertação na África e na Ásia). A colonialidade nomeia a lógica subjacente da fundação e do desdobramento da civilização ocidental desde o Renascimento até hoje, da qual colonialismos históricos têm sido uma dimensão constituinte, embora minimizada. A colonialidade, surgiu com a história das invasões europeias de Abya Yala, forma de se tratar América Latina pelo povo Kuna "terra viva", com a formação das Américas e do Caribe e o tráfico maciço de africanos escravizados. A categoria colonialidade do poder é proposta por Quijano para nomear o padrão de dominação global que se constitui como a face oculta da modernidade. Noção que permite nomear a matriz de poder própria da modernidade, que impregna desde sua fundação cada uma das áreas da existência social humana. A colonialidade do poder configura- se com a conquista da América, no mesmo processo histórico em que tem início a interconexão mundial (globalidade) e começa a se constituir o modo de produção capitalista. A colonialidade precisa ser lida como um conceito que não é totalitário, mas sim a expressão de um projeto que entende a modernidade como o outro lado da moeda da colonialidade que surgiu com o processo de colonização de Abya Yala, com a tringularização do Atlântico (que cria a dualidade do Atlântico Norte e do Atlântico Negro), através do tráfico negreiro e com a formação das Américas e do Caribe.

discriminatório, e permita uma redução de opressões que se interseccionam social, política e economicamente de modo a materializar a ideia de contribuinte-cidadão exaltada pela Constituição da República Federativa do Brasil de 1988.

Em matéria de descolonização do sistema tributário, oferecendo um sistema tributário que seja antidiscriminatório e consiga cumprir os ditames constitucionais, faz-se urgente uma reforma tributária. Mas não qualquer reforma. Uma reforma tributária precisa considerar estratégias que não coadunem com uma continuidade do colonialismo e suas ferramentas de controle e dominação. Por isso, pensar em reforma tributária hoje exige um forte comprometimento em deslocar os modos de pensar e agir para o sul global. Com isso, torna-se imprescindível interseccionar gênero, raça, classe e tributação.

Ao se pensar em renda é preciso considerar gênero, classe e raça. Ao se pensar em consumo, é preciso considerar gênero, classe e raça. Ao se pensar em propriedade, é preciso considerar gênero, raça e classe. Ou seja, de um modo geral, todo o sistema tributário nacional precisa ser construído e conduzido de modo a articular gênero, classe e raça a todo instante. Este esforço não pode ser falacioso, é importante que seja verdadeiro, pois não haverá transformação sem que se evidenciem os reais dilemas que emergem do sul.

Não adianta fincarmos nossos pés na Europa e direcionarmos nosso olhar curioso para o sul, tentando encontrar em outros territórios as alternativas para nossa salvação (preservando uma lógica colonial), sobretudo partindo do lugar colonizador, e achar que com este tipo de postura encontraremos respostas ou soluções que contemplem perfeitamente nossa realidade periférica. Por mais que o direito tributário exalte uma tradição europeia, é chegada a hora de mudar, de soltar a mão do colonizador e construirmos um sistema tributário que parta do sul para o próprio sul.

A promoção de serviços públicos eficientes, e aqui é bom nos atermos a ideia do que é ser eficiente para grupos minoritários. Pois para isso tais serviços precisam estar para além de disponíveis, funcionando a contento e superando expectativas. Uma estrutura de políticas públicas que consiga ser efetivamente disruptiva no que tange à emancipação de grupos periféricos é uma estrutura que seja eficiente no sentido mais democrático possível. Servindo mesmo a todos sem distinção. A partir do momento em que serviços públicos forem ofertados e preservados de forma ampla e irrestrita, os grupos minoritários (e aí destaco as mulheres negras, que como vimos são fortemente atravessadas por marcadores diversos de opressão – raça, gênero e classe) poderão concentrar seus esforços financeiros para outras demandas que não somente para a manutenção de uma sobrevivência precária. Isso trará benefícios para a mulher negra contribuinte-cidadã, pois permitirá maior mobilidade social, e reverberará em toda a sociedade, pois, como ensina Angela Davis, se a mulher negra se movimenta, toda a sociedade se movimenta, porque ela está na base da pirâmide social.

Minha aula de hoje será sobre (des)colonialidade tributária[40]. Vou fazer um esforço para explicar a minhas alunas e alunos

---

[40] Este tem sido um campo importante de meus estudos. Há pouco material produzido sobre essa intersecção entre tributação e colonialidade até agora. Me inspiro nos estudos sobre Colonialidade do Poder desenvolvidos por Aníbal Quijano. A "colonialidade" é um conceito que foi introduzido pelo sociólogo peruano Anibal Quijano, no final dos anos 1980 e no início dos anos 1990. Quijano deu um novo sentido ao legado do termo colonialismo, particularmente como foi conceituado durante a Guerra Fria junto com o conceito de "descolonização" (e as lutas pela libertação na África e na Ásia). A colonialidade nomeia a lógica subjacente da fundação e do desdobramento da civilização ocidental

como o direito tributário se estrutura dentro de uma lógica colonial que preserva hierarquias sociais e econômicas estabelecidas no processo de colonização e preservadas por estratégias refinadas de dominação. Vou demonstrar a necessidade de implementarmos um sistema tributário decolonial[41], que se molde a partir de uma ruptura com os cânones e a tradição eurocentrada e promover um debate a partir de decisões dos tribunais superiores sobre matéria tributária no Brasil.

Pretendo explicar à turma que o sistema tributário nacional, construído sobre bases coloniais, que se molda com o intuito de resguardar privilégios e preservar o *status quo*, segue

---

desde o Renascimento até hoje, da qual colonialismos históricos têm sido uma dimensão constituinte, embora minimizada. A colonialidade, surgiu com a história das invasões europeias de Abya Yala, forma de se tratar América Latina pelo povo Kuna "terra viva", com a formação das Américas e do Caribe e o tráfico maciço de africanos escravizados. A categoria colonialidade do poder é proposta por Quijano para nomear o padrão de dominação global que se constitui como a face oculta da modernidade. Noção que permite nomear a matriz de poder própria da modernidade, que impregna desde sua fundação cada uma das áreas da existência social humana. A colonialidade do poder configura-se com a conquista da América, no mesmo processo histórico em que tem início a interconexão mundial (globalidade) e começa a se constituir o modo de produção capitalista. A colonialidade precisa ser lida como um conceito que não é totalitário, mas sim a expressão de um projeto que entende a modernidade como o outro lado da moeda da colonialidade que surgiu com o processo de colonização de Abya Yala, com a tringularização do Atlântico (que cria a dualidade do Atlântico Norte e do Atlântico Negro), através do tráfico negreiro e com a formação das Américas e do Caribe.

41 Venho trabalhando este termo e sua compreensão em alguns estudos e desconheço, até o momento, outras pesquisas sobre tributação decolonial. Estou empenhada em contribuir para o debate partindo dos estudos decoloniais encabeçados por Aníbal Quijano, mas indo além e me filiando a uma dimensão mais feminista que algumas pensadoras estão desenvolvendo com bastante intensidade. Recomendo aqui as considerações de Ochy Curiel sobre feminismo decolonial para um primeiro contato com o debate que se dá fora da seara tributária. Material disponível em: <https://www.e-publicacoes.uerj.br/ojs/index.php/revistaempauta/article/view/52020>

preservando seu caráter colonial e dominador. Reproduzindo uma lógica elitista, patriarcal e racista. Concentrando uma relação binária e opositora entre opressores e oprimidos. Tal se dá por conta do modus operandi do sistema tributário que, na materialização de sua função arrecadatória, segue desigualando quando deveria, inclusive conforme determina a CR/88, estirpar desigualdades.

Um sistema tributário que serve para reforçar dinâmicas de opressão (sejam elas de gênero, raça ou classe) fere de morte a constituição, sendo, portanto, inconstitucional. Ter essa compreensão da magnitude do debate é importante pois não estamos discutindo um viés da atuação do estado, que seja a tributação, estamos nos debruçando sobre um dilema constitucional de primeira ordem, que é a constitucionalidade de um sistema tributário que se propõe neutro, mas que se impõe como discriminatório. Quero dizer, portanto, que o sistema tributário nacional necessita ser dissecado e reformulado para que deixe de servir aos fins de uma colonialidade do poder e passe a contribuir para a consolidação dos corolários do estado democrático de direito.

Nossos manuais, ao se dedicarem a matéria tributária, insistem em rechear o debate com ponderações acerca de limitações positivas ao poder de tributar, como imparcialidade, isonomia, capacidade contributiva... porém se eximem de encarar os dilemas que sobrecarregam a realidade tributária de nossa população e jogam por terra todo o intuito de neutralidade que o sistema tributário nacional parece tentar defender.

Um estudo adequado do direito tributário precisa se ater aos dois lados da moeda, buscando compreender também a realidade tributária atual com seu sistema tributário fulcrado em bases tradicionais e que carrega ranços do processo colonizador (reduzindo corpos a contingentes com os quais se tem que lidar, mas dos quais se pode obter algum benefício através de uma exploração exaustiva). O que precisamos considerar é que existe um sistema tributário previsto constitucionalmente e um outro, este sim palpável, que é o sistema tributário que se materializa no cotidiano nacional. Este último em nada se aproxima dos valores previstos por aquele disposto no texto fundamental. Mas é ele, sem dúvidas, que mantém a sociedade em moldes tão desiguais e perturbadores.

Mas antes de dizer a primeira palavra, uma aluna me pede um minutinho para conversar. Ela me explica que tem faltado com muita frequência e que isso passou a acontecer desde que retornou do período de licença maternidade. A moça era mãe há pouco e não tinha com quem deixar a criança durante o período das aulas, que ocorriam à noite.

Ouvindo aquilo tudo, meu olhar de espanto a deixava insatisfeita e preocupada. Quando, então, ela me passou a palavra expliquei que a entendia perfeitamente pois também sou mãe e perguntei por qual motivo ela não vinha assistir as aulas com a criança. Meu coração partiu quando ela me disse que tinha pensado mesmo em fazer isso, mas no primeiro dia em que veio acompanhada da filha para a faculdade o professor a repreendeu e disse que aquele não era lugar para crianças. Ela repetiu as palavras certinhas que ele usou: "aqui não é lugar para mães com seus filhos. Você precisa escolher, ou fica em casa com a criança ou vem sozinha para estudar."

Fiquei atônita com aquela narrativa de minha aluna. Como um professor pode pensar assim? Por que se academia não é um lugar para crianças, se não é um lugar de acolhimento, se não é um lugar para mães e filhos, então é um lugar para quem? Quais são os corpos autorizados a estar no espaço acadêmico? A quem interessa dizer quem pode e não pode estar e permanecer na academia? Um turbilhão de perguntas invadiu meu corpo inteiro.

De pronto respondi que na minha aula aquela criança será muito bem-vinda. Que poderia vir em todas as minhas aulas e que quando não conseguissem comparecer, as duas – mãe e filha, mandasse me avisar para pensarmos em alternativas que minimizem o impacto da ausência em classe.

Na aula seguinte conheci a linda menininha de minha aluna. Uma criança esperta e saudável. Passou o tempo todo quietinha no carrinho, dormindo um sono embalado por minha voz que ecoava explicando o que era mesmo aquele tal sistema tributário decolonial que eu tanto defendia.

Decidi levar a demanda das alunas-mães para fazer parte da pauta da reunião de professores. Expliquei a situação e demonstrei o incômodo que me causou ouvir uma aluna contar que não pode permanecer com sua criança em classe. Narrei que já tive diversas alunas passando por situações parecidas e que as crianças sempre foram bem-vindas em minhas aulas e que não atrapalham absolutamente nada. Pelo contrário, deixam o ambiente mais agradável e leve. Uma criança na sala gera sorrisos inconscientes de todos. O direito precisa de leveza.

Já tive crianças de idades muito variadas assistindo minhas aulas e era sempre muito bonito. Fazia questão de mencioná-las na hora da chamada e era uma fofura ver as carinhas tímidas dizendo "presente" e depois um olhar de cumplicidade para a mãe e um sorriso feliz.

Certa vez me encontrei com um aluno do meu marido, também professor universitário, e o rapaz fez questão de vir me contar que a mãe dele tinha sido minha aluna, que ele, criança, ia com ela assistir minhas aulas e que agora fazia direito também. Não há como mensurar a beleza de um momento como esse.

Fiz meu teste de gravidez no banheiro da sala dos professores da instituição em que lecionava há anos. Sendo assim, a primeira vez que me soube mãe foi na academia. A academia, portanto, não gestou só a mim, mas também às minhas crianças. Há uma dimensão uterina na academia. Academia é vida.

Lecionei enorme até bem perto de parir meus filhos. Cheguei num ponto em que precisava ficar sentada a aula inteira e ainda assim era maravilhoso. Havia uma cumplicidade na gestação daquelas crianças com minhas turmas. Me recordo de estar ensinando um conteúdo quando meu primogênito mexeu na minha barriga e deu para ver o pé pela roupa justa que usava.

Houve uma exclamação de encantamento daqueles que perceberam o movimento da minha barriga. Tinha uma doçura na presença daquela vida em formação na sala de aula. A academia é um lugar de produção, de criatividade, de aprendizado e formação. Na academia cabe tudo que não se oponha a isso.

Para minha surpresa não havia só um professor que se incomodava com a presença de crianças em classe. Outros e outras se manifestaram contrários e insistiram em se estabelecer uma regra que homogeneizasse as condutas e não criasse desconfortos. Eu fiz questão de deixar evidente que se tivesse uma proibição da presença infantil na faculdade, certamente seria descumprida por mim com uma frequência desconcertante. No final, deliberou-se que seria opcional e cada docente poderia deliberar como bem entendesse. Saí contrariada, pois entendo que não deve haver restrições. A academia precisa ser um lugar de encontros.

Quando penso em encontros e na academia como este lugar de encontros, me surpreendo em como o feminismo molda o meu olhar tributário mesmo antes de que eu viesse a me entender como uma feminista.

O feminismo tem se estabelecido nos últimos anos muito mais como um modo de vida do que simplesmente como uma categoria de pensamento filosófico e político. Hoje não seria inadequado dizer que o pensamento feminista está tão avançado, difundido e discutido que devemos nos referir ao termo no plural, dada a sua multivocalidade, expansão e redimensionamento em grupos situados em localizações sociais bastante distintas. Não há mais um único feminismo. Há feminismos, teorias enunciadas a partir de corpos situados em condições sociais, políticas, epistêmicas, econômicas, geográficas e culturais múltiplas e que anunciam perspectivas diversas acerca de marcadores de opressão que se acumulam, se atravessam e se reconfiguram em franco diálogo com a posição de enunciação de quem promove e conduz o debate.

Esses feminismos possuem vasto âmbito de abrangência e muitas distinções em suas especificidades, mas também há pontos de contato que permitem uma confluência de interesses que guardam forte relação com propósitos emancipatórios, igualitários e de melhores condições sociais, econômicas, identitárias, raciais, sexuais, etárias, de capacidade e de gênero.

Nesta vasta gama de interesses e possibilidades que alçam o debate feminista para a pauta do dia, de todos os dias, os assuntos fiscais não estão de fora. Não é de hoje que feministas se interessam por questões tributárias. Entretanto, de uns anos para cá, pode-se perceber uma ampliação considerável do interesse de mulheres e homens tributaristas pela intersecção entre feminismo, tributação e orçamento. Este fenômeno está bastante atrelado a uma inserção cada vez mais robusta do pensamento feminista na academia, através de um enorme esforço de teóricas feministas que vem trabalhando há décadas para ocuparem o espaço de poder que dá suporte para a produção científica.

No campo do direito as teorias feministas começam a provocar fissuras incontornáveis e a evidenciar problemas que não são recentes, mas que não ocupavam o centro do repertório canônico de estudos e debates que os acadêmicos e práticos do direito tributário estavam interessados em perpetuar. Tributaristas feministas jogam luz sobre temáticas e abordagens que a tradição tributária, fortemente marcada pelo patriarcado, não considerava como preocupações válidas ou mesmo legítimas.

Ainda hoje é comum encontrar tributaristas, que contra-argumentam em favor da tradição, alegarem que a análise da tributação pela perspectiva exclusiva de classe já seria suficiente para dar conta da materialização dos preceitos constitucionais, do que está previsto no Sistema Tributário

Nacional disposto na Constituição da República Federativa do Brasil de 1988. Mas será que isso é verdade? Feministas defendem que não é. A categoria da "classe" não é suficiente para alcançar os ideais sociais, econômicos, políticos, igualitários e emancipatórios pelos quais anseiam estas mulheres e homens feministas. É necessário se fazer uso de uma metodologia interseccional no direito tributário através da qual se implemente uma investigação e práxis crítica, como ensinam Patricia Hill Colins e Sirma Bilge.

O direito tributário precisa interseccionar, no mínimo, classe, raça, gênero e tributação para que consiga perceber-se como agente opressor contributivo para os acentuados índices de desigualdades que imperam em nosso país. Enquanto o sistema tributário nacional for lido, estudado e praticado em apartado de uma investigação interseccionalmente crítica, as mudanças socioeconômicas necessárias para uma emancipação saudável de nossa sociedade das amarras coloniais, patriarcais, racistas e sexistas estará distante em nosso horizonte.

Neste diapasão, considero necessário e viável que comecemos a projetar uma restruturação do Sistema Tributário Nacional, de modo a transformá-lo e condicioná-lo a atuar sobre outros eixos, para além dos tradicionalistas que até aqui conduziram a teoria e a práxis no direito tributário. Mas para isso uma questão precisa ser posta sobre a mesa: Como organizar um Sistema Tributário que respeite a dinâmica feminista?

Não há uma única resposta para essa pergunta. Uma das respostas possíveis é: estabelecendo dinâmicas de tributação que remanejem a carga tributária de modo a deslocá-la dos pontos de tensão econômico-sociais. Revisando as leituras que existem sobre temas predominantes na seara tributária a partir de uma lente interseccional. Produzindo alterações legislativas que materializem estratégias inclusivas, feministas e antirracistas, minimizando os impactos de uma lógica tributária que acentua desigualdades ao invés de reduzi-las.

Todas essas alternativas dispostas acima podem e devem ser acopladas a muitas outras que precisam ser elaboradas pelos vários feminismos. Este artigo aqui é só um breve convite à reflexão e ao aprofundamento no debate. Afinal de contas, um Sistema Tributário Feminista só será construído no coletivo, na reflexão e na produção conjunta e transformadora.⁴²

---

42 Texto publicado pela primeira na coluna de Pauta Fiscal do JOTA. Disponível em

CAPÍTULO 8
TENSIONANDO A PEDAGOGIA DO DIREITO TRIBUTÁRIO

(A URGÊNCIA DE UMA LEITURA RACIALIZADA DO DIREITO TRIBUTÁRIO)

Terminamos a aula de hoje após mais uma sessão de leitura coletiva dos *diários de vivências tributárias* com uma sensação de que o direito tributário também comporta afetos e simplicidades que pareciam não caber numa disciplina tão dogmática e elitizada pelo ensino tradicional. Cada aluna e aluno levou muito a sério a tarefa de narrar suas experiências com a tributação por sete dias seguidos.

Os diários são relatos que mostram como o direito tributário está imbrincado com nosso cotidiano. Para além disso, a atividade de escrita numa dimensão jurídica serviu para desmitificar o pretenso insulamento do direito, demonstrando que a todo instante nos deparamos, todas nós, com dilemas que gravitam no entorno da normatividade.

Já havia liberado a turma e guardava meu material quando uma aluna foi se aproximando timidamente. Ela pediu um tempo para conversar. Me contou que pretendia trancar o curso. Não conseguia se encaixar. Estava com muita dificuldade de se relacionar com os colegas.

Ela levou alguns minutos me narrando seus desconfortos na academia. Mas confesso que não estava compreendendo verdadeiramente a extensão do incômodo que minha aluna sentia ao ponto de levá-la a querer largar o curso. Foi quando a jovem me contou que suas dificuldades de relacionamento estavam tão evidentes que já tinha recebido notícias de apelidos que ganhara dos colegas. Curiosa, perguntei quais eram estes apelidos. Ela me contou que todos os apelidos estavam relacionados ao seu cabelo black. Aí realmente consegui alcançar na plenitude a complexidade do dilema vivido por minha aluna. Ela não estava com dificuldades de se relacionar e nem de aprender. Ela estava sofrendo racismo.

Eu mesma já passei por situações similares em muitos lugares por onde passei. Mas a experiência do racismo vivido na escola parece que dói de um jeito diferente.

Quando iniciei minha transição capilar já havia uns três anos que lecionava na mesma instituição. Me sentia num ambiente seguro. E mesmo assim foi extremamente doloroso lidar com os olhares que meu cabelo atraia. Quando fiz meu *big chop* e apareci em classe de cabelos curtinhos, tive que aprender a lidar com cochichos de alunas e professoras. Uma colega de trabalho chegou a me perguntar se eu estava louca de cortar meu cabelo daquele jeito.

Eu já tinha acompanhado a transição capilar de algumas alunas, três para ser precisa, e foram essas meninas negras que me acolheram e me ensinaram a cuidar do meu cabelo que crescia. Fui acolhida e aprendi com minhas alunas.

Aquela menina que me confidenciava seu sofrimento sem compreender bem que seu incômodo não era com a academia, mas sim com o racismo que academia abrigava, era uma das jovens negras mais bonitas que já vi na vida. Inclusive, algum tempo depois deste nosso encontro ela começou a trabalhar como modelo. Mesmo essa garota, transbordando beleza, teve sua autoestima fortemente abalada pelo racismo na academia.

Conversamos muito desde aquele dia e decidimos trabalhar juntas num processo de conscientização da turma sobre as sutilezas da violência racial. Durante um tempo, mesmo minhas aulas se desenvolvendo num espaço seguro e acolhedor, a jovem negra não se sentia à vontade para expor seu caso especificamente. Trabalhávamos no combate ao racismo na academia, mas numa perspectiva menos intimista. Até que chegou um dia em que ela se sentiu à vontade para compartilhar com a sala sua experiência. O rapaz que cunhou o apelido racista também se expôs e ambos puderam se reconciliar. Mas há uma dimensão da dor que o racismo provoca que nunca se cura. Uma ferida aberta que seguirá sangrando para sempre.

Essa vivência dessa aluna me fez refletir muito sobre como é difícil para uma mulher negra encontrar pertencimento na academia e construir um espaço de conforto dentro deste ambiente de saber (e, portanto, de poder) que se utiliza de diversos mecanismos para expulsar ou manter de fora corpos como os nossos.

Perdi de vista quantas vezes ingressei em classe para lecionar no primeiro dia com meu black e fui inquirida se eu era mesmo a professora da disciplina. Já me perguntaram se eu subiria para a lecionar com aquele cabelo. Já me elogiaram por ser tão corajosa de ir trabalhar com o cabelo daquele jeito, como se fosse um ato de rebeldia sustentar o que se considerava desleixo com minha aparência.

Certa vez uma aluna veio elogiar meu cabelo e contou que até o dia anterior estava com o cabelo crespo e alto exatamente como o meu, mas que tinha feito uma escova porque teria uma reunião importante no trabalho e precisava estar apresentável. Eu fiquei sem palavras.

Pela versatilidade que meu cabelo permite, variava com frequência meus penteados, usando tranças nagôs, box braids, blacks volumosos, coques altos e cores diversas. Sempre que me viam os comentários giravam em torno da minha condição exótica na academia. Fui aconselhada a ser mais austera com minha aparência para me enquadrar melhor no ambiente jurídico, tão formal. Estes conselhos me soavam como se me alertassem que o direito não tinha espaço para minhas excentricidades capilares e, portanto, não tinha espaço para meu corpo. No fundo me informavam que o direito não era para mim. Mal sabiam que sou insubmissa, não acato conselhos de estranhos com facilidade e tenho forte tendência a desobediência. Meu cabelo diz muito sobre mim e a academia precisa se acostumar com isso.

Embora meu cabelo e suas variações performáticas e deslumbrantes causem certa curiosidade em algumas alunas e alunos num primeiro momento, já aprenderam a me respeitar e a se acostumar com minha beleza negra. Mas não posso negar que há um peso nessa minha escolha, meu currículo estampa a professora e jurista negra que sou e isso me proporciona diversas negativas de emprego. Hoje em dia sou muito mais recusada para lecionar do que era quando alisava meu cabelo. Na verdade, antes nunca tive recusa alguma, era sempre aceita. Agora não mais. Mas sigo certa de que não sou eu que tenho que mudar, é a academia.

Pensava sobre todas essas questões enquanto preparava minha última aula do semestre. Vamos fazer a culminância das atividades com um seminário sobre as estreitas relações entre tributação e opressão. Para isso, dividi a turma em três grupos e cada um ficou responsável por trabalhar um tema previamente delimitado. O primeiro grupo tratará do sistema tributário que se lê (o que está previsto constitucionalmente) e o sistema tributário que se sente. O segundo grupo abordará o tema tributação e felicidade. Por fim, o grupo que encerrará os trabalhos ficou responsável por fazer um painel com as frases mais emblemáticas dos diários de vivências tributárias que todos elaboraram e promoverão um debate em torno das reflexões que emergirem no momento.

Será uma atividade muito rica e bonita para a formação de juristas críticos, mas sinto certo receio de minha ideia não ser bem recebida pela instituição, já que sou alvo frequente de reclamações.

Fico preocupada pois não é comum que confiem em mim. Mesmo com todo o meu potencial evidenciado em minhas aulas disruptivas, cheias de conteúdo e criticidade.

"Tenho que bolar um jeito de confiarem em minha estratégia pedagógica!" Estou sempre pensando nisso.

Um grupo de alunas já me espera no corredor que leva à sala dos professores. Muito sorridentes e agradáveis, me convidam para participar de um projeto que o curso de psicologia está promovendo. Trata-se de uma sessão de fotos só com mulheres negras da instituição. O convite me agrada.

As meninas me contam que decidiram me convidar porque minha presença negra como professora na academia tem um significado muito forte para elas. Elas me confidenciam uma admiração e um carinho que eu desconhecia. Me fazem aceitar de pronto a oportunidade do encontro e da partilha.

O ensaio fotográfico ocorre na própria instituição, com alunos de fotografia que voluntariaram para registrar o momento. Passamos uma manhã reunidas em uma experiência afetiva intensa e arrebatadora. As fotos foram impressas em tamanho bem maior do que o convencional e houve uma exposição pelos corredores institucionais. Nos olhamos, funcionárias, alunas e eu, todas negras. Estávamos lindas. Descobrimos que sempre fomos lindas. Todos descobriram que éramos lindas, mas ainda não tinham parado para nos olhar. Foram muitas descobertas.

Da mesma forma como a transição capilar me inseriu num processo de autoconhecimento e a fotografia permitiu a mim e a minhas alunas negras uma reconsideração sobre nosso estar no mundo como mulheres negras, a abordagem da tributação a partir da raça permite uma reconfiguração do direito tributário e sua percepção sob outra perspectiva, um ângulo novo que permite uma nova visão do direito tributário e sua dimensão opressora.

A dinâmica tributária articula uma série de opressões e, neste sentido, acaba se transformando em mais uma dentre elas. Nestes moldes, defendo a ideia de que há um acúmulo de opressões ao qual a tributação se integra, a depender do modo como a tributação se estabelece sobre os corpos tributantes. Isso produz, na prática, um impacto desproporcional sobre alguns grupos em detrimento de outros. E aí isso acaba por reforçar uma imobilidade ascendente de grupos minoritários. Uma imobilidade que já está enraizada na estrutura social e econômica. O modo como a tributação é implementada, acaba por reforçar problemas que são estruturais e acentua desigualdades históricas. Este impacto desproporcional é um indício de racismo.

Ao se optar por um *modus operandi* específico e persistente de tributação, o que presenciamos e as pesquisas estão aí para comprovar é um ciclo repetitivo de vantagens para um só grupo social, e este grupo é composto por corpos brancos. Isso nos leva a ponderar se, a aplicação dos institutos constitucionais está contribuindo para o aumento ou diminuição de desigualdades, em cumprimento ao disposto no art. 3º da CR/88. Ter essa compreensão é fundamental, dentro do nosso ordenamento jurídico, pois os efeitos das leis não podem ser discriminatórios. Se os efeitos estão acirrando discriminações então é preciso se repensar a lógica de produção e implementação legislativa. E isso não deixa de fora as normas tributárias.

Mas, para percebermos os efeitos discriminatórios das normas tributárias é preciso que se faça uma leitura para além da tradicional. É preciso se valer de outros parâmetros de ponderação que não somente aqueles de sempre e que foram naturalizados pelos tributaristas de sempre. Afinal de contas, o próprio saber tributário é elitizado dentro e fora da academia. Há uma apropriação do discurso tributário pelo próprio grupo que goza dos privilégios da tributação que se tem hoje. A constatação de que há essa apropriação discursiva exige uma disputa de narrativas fiscais e impõe a exposição de feridas fétidas que nem todos estão dispostos a ver de perto.

Daí a relevância de tributaristas negras e negros se posicionarem pautando o assunto. Como a mulher negra que sou, não posso me furtar a pensar o direito tributário como este possível mecanismo de aumento de desigualdades e de perpetuação de uma dinâmica jurídica racista. Isso tem a ver com a aproximação de uma teoria da posicionalidade e que me conclama a olhar para o sistema tributário nacional a partir de uma outra lente. Uma lente não tradicionalista, uma lente diferente e que considera a perspectiva do grupo do qual eu mesma advenho. Por isso, me disponho a encarar o Direito Tributário por uma lente racial. Ao fazer isso, eu estou contribuindo para desfazer o paradigma hegemônico e que defende a existência de uma neutralidade tributária, de um sistema justo e preocupado com a materialização de igualdades. A partir de uma lente racial, eu revejo tudo isso e concluo que não é bem assim e que existe um outro lado da moeda que insistem em manter escondido. Ao fazer isso, eu mostro que há muitas maneiras de se pensar o direito tributário e as tributaristas negras e negros também estão disputando essas narrativas.

Mas, daí me vem um outro questionamento: A quem interessa a leitura do sistema tributário nacional através de uma lente racial?

E aí precisamos olhar para o passado, porque houve um tempo em que o corpo negro em si era um fato gerador do tributo porque o corpo negro era coisificado. Entretanto, é preciso se pensar se isso mudou no pós-abolição. E aí emerge um ponto de inflexão bastante comum no Brasil que é o mito da democracia racial. Através deste mito se defende que não há racismo em nosso país, que todos são tratados de modo equânime, que os problemas que existem são somente de classe, que os pobres o são porque não trabalham o suficiente, que lhes falta talento para enriquecer, que lhes falta mérito para gerir suas finanças de forma bem-sucedida. Mas será que isso é verdade ou é só o argumento mais conveniente para manter tudo como está?

Para aplicarmos essa lente racial sobre o Direito Tributário é preciso que compreendamos alguns conceitos-chave.

E pra isso, de início eu já esclareço que nós não nascemos racializados. Há um processo de construção social que nos racializa como brancos ou como negros, pautando-se por elementos fisiológicos, culturais, finalidades políticas, sociais e econômicas. Nessa dinâmica há um grupo que quer se naturalizar como norma hegemônica e referencial; este grupo é branco. Mas afinal, o que é um negro? Essa pergunta deve ser um ponto de partida para que possamos compreender uma teoria racial. Quando contrapomos o branco e o negro, ambas categorias construídas socialmente, o negro é o que não é. O que não tem. O que não merece. O não-lugar. O não-normativo. O subalterno. O oprimido.

Essa constatação é direcionada pela noção de raça. A raça é um elemento relacional e multidimensional. A raça pode ser compreendida como uma tecnologia de perpetuação de relações de opressão. Angela Harris[43] nos explica que a raça é produzida inclusive juridicamente. A raça é um método de hierarquização social; um método de imposição de normas corporais e de dever ser social, política e economicamente aceito. E o que acontece é que o racismo usa esse método para demonstrar diferenças entre seres humanos. Frantz Fanon já nos direcionou para compreender que o racismo é uma chaga da humanidade. E aí ele entende que a raça aparece como a mola-mestra de toda uma articulada engrenagem opressora. Por isso, há estudiosos da atualidade que

---

43 HARRIS, Angela P. *Race and essentialism in feminist legal theory*. Stanford Law Review. Vol. 42, N° 3, pp. 581 a 616, Feb, 1990.

defendem que a desarticulação do racismo feriria de morte todas demais tecnologias de dominação. Porque isso levaria ao desfazimento do feixe de opressões, o que desarticularia todas as bases que precisam da subalternidade para se perpetuarem no poder. Por isso, compreendo ser de fundamental importância trazer a raça para o centro do debate.

E aí, com estes conceitos melhor estabelecidos, podemos subir mais um degrau no debate.

Como o racismo contamina a tributação? As pesquisas demonstram que o Brasil é um dos países mais desiguais do mundo em termos de tributação, recaindo sobre 1% da população mais rica o percentual de 23% da renda total declarada aos órgãos fiscais, sendo este mesmo grupo o que menos sofre com a lógica regressiva do sistema tributário nacional. Para além disso, é possível constatar um crescente enegrecimento da pobreza em nosso país. Ou seja, dentre os mais pobres estão os corpos negros. O que comprova não se tratar somente de uma questão de classe, a raça também é um componente que precisa ser considerado quando se pensa em distribuição de riquezas. As riquezas não estão concentradas em um grupo específico e determinado por uma graça divina. Há uma série de estratégias implícitas ou mesmo explícitas, que condicionam essa concentração.

A dinâmica tributária, por exemplo, que se estabelece através de uma predominância da tributação sobre consumo, acaba por direcionar o peso da carga tributária para os corpos que mais consomem itens de primeira necessidade e que são os que menos herdam, os que menos possuem propriedades ou bens duráveis, os que trabalham somente para sobreviver, para comprar gás a mais de cem reais e que compram ossos no açougue para satisfazer o anseio de comer carne. São essas pessoas as que mais sofrem com o *modus operandi* da tributação que temos vigente hoje.

São essas pessoas, que gastam mais da metade do que ganham, pois neste grupo a maioria vive com renda que pouco excede a um salário mínimo, que sofrem o peso da carga tributária fortemente regressiva em nosso país. Regressiva porque incidente prioritariamente sobre o consumo. Em contrapartida, o grupo menos onerado pela tributação, já que essa se impõe com mais leveza sobre patrimônio, renda e fortunas, é o grupo que mais poderia contribuir para a equalização dessa realidade tão caótica. Os mais ricos, os herdeiros, os grandes proprietários, os donos das grandes fortunas.... seguem sendo tributados de maneira pífia se observadas as suas imensas possibilidades econômicas. As pesquisas demonstram que dentro dos grupos mais onerados há uma prevalência de corpos femininos e pretos. Se formos pensar em termos de oportunidades, as mulheres negras são as que possuem as menores possibilidades de escolha. Nós somos as mais imobilizadas na base da pirâmide social.

Então, quando olhamos para a tributação a partir da lente racial o cenário que se apresenta não é dos mais paradisíacos. Talvez seja, mas somente para alguns poucos.

Imagino que muitos alunos e alunas possam estar se perguntando: Mas será mesmo que precisamos fazer isso? Será que precisamos olhar para o tributo e toda a sua complexidade através de um olhar diferente do tradicional? Será que o que está posto já não é o suficiente? Será que já não disseram e fizeram tudo? Por que insistir em conectar tributação e raça?

A tributação implica no estabelecimento de um poder muito específico sobre nossas existências, o poder de tributar. Este poder autoriza que o estado alcance nossa esfera privada e de lá retire recursos para a mantença pública. A raça, como já analisamos, embora seja um conceito carregado de fluidez, implica, a grosso modo, em um artifício de hierarquização de corpos a partir de critérios biológicos, psicológicos, culturais, intelectuais ou morais. Neste sentido, há um ponto de contato incontornável entre tributo e raça que é o PODER. O poder é o elemento que conecta essas duas categorias (tributação e raça). Por isso, a depender de como são utilizadas essas tecnologias (o tributo e a raça) se pode aumentar ou reduzir desigualdades sociais e econômicas.

Existe uma espécie de desigualdade cumulativa, que vai gerando mais e novas desigualdades, e que é muito prejudicial por produzir imobilidade social e reduzir oportunidades até mesmo dos mais pobres acessarem a classe média. Essa difícil mobilidade social acaba comprometendo o crescimento da economia, o que afeta o próprio mercado e a geração de riquezas, inclusive para os muito ricos. Então, nessas escusas relações que se estabelecem entre tributo, raça e poder, até mesmo o grupo mais privilegiado acaba sentido o impacto da regressividade fiscal.

É possível mudar este cenário? Primeiro, considero fundamental que paremos de nos espelhar somente em realidades jurídico-tributárias nortecentradas e tão distintas da nossa. Considero imperioso que nos voltemos para o Sul Global. Porque, ao deslocarmos o nosso olhar tributário para o sul estaremos dispostos a compreender as experiências de outros grupos, para além do grupo dominante. É preciso estabelecermos um referencial teórico brasileiro sobre o assunto.

Angela Harris defende que o nosso compromisso precisa ser com a apresentação de possibilidades do que ainda não foi apresentado. Nosso compromisso precisa ser com a vontade de saber. Não podemos ficar presos a compromissos que tolhem nossas possibilidades. Que enegrecem a pobreza e acentuam desigualdades, inclusive através do modus operandi da tributação.

E aí, pensando em possibilidades que não foram apresentadas ainda, penso que seria interessante começarmos a cogitar estratégias que ainda não existem, e aí uma extrafiscalidade racial como uma estratégia de ação afirmativa fiscal pode aparecer no nosso futuro.

O tema geral deste congresso internacional de direito tributário é Tributação, passado, presente e futuro. E olhar para essa relação estreita que existe entre tributo, raça e poder é exatamente fazer este esforço de pensar o passado, o presente e o futuro da tributação. Minha perspectiva é racial, decolonial e também é afrofuturista. E, deste modo, pensando no passado colonial e nos seus resquícios de colonialidade, como ensina Walter Mignolo, considero que é sim possível termos um direito tributário que não se mova a partir da colonialidade do poder. Isso vai acontecer quando passarmos a ensinar o direito tributário de outra maneira, quando mudarmos a lente tradicional, quando implementarmos um outro modus operandi para a tributação e quando deixarmos de acreditar no mito da neutralidade tributária. Pois, se o sistema tributário fosse realmente neutro, os resultados da tributação não seriam tão desproporcionais para os grupos que compõem a sociedade.

Mas, para encerrar minha fala e abrir a roda para que minhas alunas e meus alunos coloquem outras cartas desse jogo sobre a mesa, faço mais uma pergunta que tenho ouvido bastante por aí: Será que o direito tributário é uma ferramenta para se fazer justiça? Certamente que sim, senão não teríamos um sistema tributário implicado constitucionalmente. Mas não é a única. O direito tributário não é uma ferramenta para ser usada sozinha. O direito não é. O direito não dá conta de resolver todas as complexidades do mundo. São necessários outros saberes, outras ciências, outros caminhos. Precisamos de uma convergência de caminhos.

Mais uma semana do semestre letivo se encerra e vou me tornando cada vez mais convicta da necessidade de uma abordagem interdisciplinar do direito tributário. Como uma tributarista que pensa como negra, estou certa de que o futuro da tributação exigirá cada vez mais diálogos com outros saberes e com outras leituras de mundo. O direito tributário não é uma ilha.

CAPÍTULO 9
O PACTO NARCÍSICO DA BRANQUITUDE NO DEBATE TRIBUTÁRIO E A NECESSIDADE PREMENTE DE UMA INTERSECCIONALIDADE FISCAL

"NEM TUDO É SOBRE VOCÊ"

Há muitos anos, numa discussão amorosa, ouvi essa frase num grito incontido. "Nem tudo é sobre você!", me disseram num momento acalorado. Grande novidade seria ouvir isso se eu não fosse uma mulher negra, não é mesmo? Mas como a mulher negra que sou, ouvir uma frase como essa não me causa espanto ou consternação. Por outro lado, se tributaristas brancos (a materialização do homo academicus) escutam algo deste tipo o mundo acaba em três, dois, um. Daí o empenho destes corpos privilegiados na defesa de que o debate tributário implica sempre em digressões sobre classe, raramente sobre gênero e nunca sobre raça. Entretanto, desde que me tornei negra venho num esforço crescente para evidenciar minha presença e garantir que minha voz ecoe por espaços de poder que não estão acostumados com tanta resistência e insistência em permanecer. O pacto narcisístico da branquitude no debate tributário está se enfraquecendo.

Ao me situar no debate tributário, por óbvio que constato que nem tudo é sobre mim, mas há muitas coisas que podem me dizer respeito sim. Há muitos interesses com os quais eu posso verdadeiramente me envolver, ainda que não exprimam a tônica do debate racial. Existem assuntos e circunstâncias das quais eu quero ter notícias e sobre os quais quero poder debater e enunciar meu ponto de vista.

É importante trazer essa ponderação à baila, pois quando chego na academia para debater meus temas de interesse mais estreito, costumo ser inquirida se estou ali para falar de raça, negritude, gênero, identidade, dentre tantos outros temas que me atravessam e que eu atravesso com minha intelectualidade. Mas eu não estudo só isso. Estudo isso também, mas não só.

Uma mulher negra pode ter múltiplos interesses. Uma acadêmica negra não precisa se restringir ao debate racial. Nada impede que ela se interesse por outros assuntos. Nem tudo diz respeito à cientista negra, mas ela pode dizer sobre tudo o que lhe interessar, pois está posicionada discursivamente como integrante e produtora de relações de poder no espaço acadêmico. E o que será que interessa a uma acadêmica negra? Ora, tudo, absolutamente tudo.

Quando se trata de uma acadêmica negra, melhor não essencializar. Sempre ensino isso aos meus alunos e alunas, me referindo aos estudos desenvolvidos por Angela Harris. Temos que tomar muito cuidado para não essencializarmos o corpo negro e ainda mais quando este corpo atravessa os limites da academia e ingressa no espaço da intelectualidade detentora do poder de ensinar e de determinar o que pode ser ensinado.

Sou uma professora e jurista negra e tenho múltiplos interesses na esfera jurídica. O sistema de justiça inteiro me fascina. Eu não sou enquadrável, restringível e muito menos encaixotável. Tenho interesses tão plurais como minhas possibilidades precisam ser.

Tudo isso precisou ser pensado por mim pois acabo de receber mais um convite para uma entrevista numa revista especializada em direito tributário. O convite me deixa livre para escolher o assunto sobre o qual desejo trabalhar, desde que relacionado ao tema geral do evento que é Reforma Tributária. Este assunto me interessa muito. Aliás, é um assunto que deve interessar a todas e todos, sobretudo às mulheres negras, as mais afetadas por uma tributação opressiva como é a brasileira.

Me ponho a refletir sobre minhas possibilidades de diálogo com os temas que mais me interessam no direito tributário. Mesmo não sendo essa a minha única área de aprofundamento acadêmico, é este um campo que merece minha profunda atenção como jurista negra. Há poucas reflexões no cenário acadêmico sobre tributação e raça. Preciso me empenhar para evidenciar dilemas que existem há séculos, mas que não despertam interesse dos intelectuais tributaristas consagrados pela academia e legitimados para dizer neste campo jurídico.

Pondero por alguns dias e decido falar sobre *tributação e decolonialidade* e suas conexões com raça e gênero. Não posso me opor a tratar de um tema tão fundamental e que não encontra o espaço que merece, afinal o direito tributário aparenta estar sempre muito fechado para inovações teóricas. São sempre os mesmos autores, as mesmas teses, as mesmas teorias, os mesmos padrões.

Vou discutir tributação, raça e gênero na minha palestra e defender um sistema tributário que considero antirracista e, portanto, decolonial. A entrevista acontece. Espero encontrar mentes abertas e interlocutores atentos. Começo a entrevista apresentando o eixo fundamental para se pensar tributação e raça: toda reflexão sobre direito é racializada. A raça é a ferramenta que conduz as relações de poder estabelecidas em nossa sociedade. A partir desta constatação, importa ressaltar que o processo de hierarquização de corpos a partir da raça estabelece raças privilegiadas e raças subordinadas. O discurso tributário dominante e tradicional é elaborado e difundido exatamente por grupo privilegiado, que aquele que teve acesso ao saber tributário e que aplica o direito tributário no Brasil. Desta forma, do mesmo modo como ouvi que nem tudo era sobre mim, também é preciso se dizer que nem tudo relacionado ao direito tributário é sobre branquitude e seus privilégios. O monopólio discursivo e intelectual do direito tributário pela raça privilegiada de nossa sociedade precisa ser revisto. Discutir tributação e raça contribui para a queda deste império epistemológico.

Levo minha entrevista para debatermos em classe. Percebo que minhas alunas e alunos, mesmo com toda essa tecnologia que acaba contribuindo muito para trazer o direito para dentro de nossas casas, ainda se sentem muito apartados do debate jurídico. Há uma impressão comum de que as pessoas que se dedicam aos estudos, à pesquisa, à teoria, são pessoas muito diferentes de como eles mesmos são. Muitos de meus alunos gastam a maior parte de suas horas semanais no trabalho braçal.

Leciono para um público que é composto por pessoas que vêm de uma classe média e têm seus estudos financiados pelos pais, mas também tenho estudantes que trabalham o dia inteiro e estudam a noite, cujo trabalho é a fonte de financiamento de seus estudos e que chegam à academia mais velhos do que o usual, pois precisaram construir uma base financeira minimamente estável para depois poderem se aventurar pelos caminhos misteriosos do conhecimento acadêmico. Muitos chegam com a ideia, que não deixa de ser verdadeira mesmo nem sempre confirmada na prática, de que melhorarão de vida após se formar em uma faculdade. Terão sucesso financeiro depois que possuírem uma graduação. Essa não é uma inverdade absoluta, mas infelizmente num país como o nosso, em que os intelectuais são menosprezados e o ensino público de qualidade sofre um sucateamento insistente e perverso, ter um curso superior também não é uma garantia de sucesso.

Me recordo de não ser nada admirada entre os jovens do bairro em que morava. Eu era uma estudante de direito numa das melhores universidades públicas do país, mas isso não chamava qualquer atenção das pessoas da minha idade. Muito pelo contrário, riam de mim, me ridicularizavam e menosprezavam por eu não gastar o meu tempo trabalhando e levando dinheiro para dentro de casa. A mentalidade era essa. Eu estava trilhando um caminho que não era o convencional para aquelas pessoas que me cercavam.

Hoje, me surpreendo com a quantidade de conhecidos que moravam no mesmo bairro de onde eu vim, na periferia, e que se tornaram meus alunos em graduações de direito. Estes estudantes seguiram por um caminho considerado único e normal, eram jovens que trabalhavam e não tinham pretensões acadêmicas.

Mas agora o jogo virou. Essas pessoas, insatisfeitas com suas vidas financeiras ou mesmo satisfeitas ao ponto de poderem focar em outras pretensões existenciais, estão chegando na academia. Estão ocupando este outro espaço. Mas chegam repletas de muitos sentimentos contraditórios, emoções misturadas. Estão cheias de esperança pelo futuro que virá e também lotadas de inseguranças e medos, pois estão pisando em um terreno desconhecido.

Quando conversamos sobre a experiência acadêmica, medos e incertezas, minhas alunas e alunos geralmente adotam posturas que podem ser agrupadas em três faixas. Há aquelas que consideram a academia uma etapa natural do percurso trilhado; um outro grupo é o dos que tinham outros projetos em primeiro plano e considerando-se frustrados buscaram a academia como alternativa de melhoria financeira ou um trampolim para condições melhores de vida e existência e, por fim, aqueles que têm a academia como um sonho a ser alcançado no momento que der, mesmo que seja depois dos filhos criados ou da aposentadoria conquistada.

Meus alunos e alunas estranham muito a academia. Parece que estão diante de um monstro enigmático que os provoca a decifrá-lo ou serão invariavelmente devorados. A academia, com seus mistérios epistemológicos, sua linguagem enigmática, sua metodologia inacessível, proporciona a estes corpos que pretendem à intelectualidade uma experiência de sofrimento e fascínio que carregarão por toda a vida e não conseguirão descrever sem exporem suas vulnerabilidades que o percurso permitiu confrontar.

Meus alunos e alunas me preocupam e emocionam. São exemplos de superação e persistência. Os observo com um deslumbramento que espero não consigam perceber, pois isso os mostraria que preciso deles muito mais do que precisam de mim. Aprendo muito mais do que ensino e este fenômeno se aprimora com os anos que passam. Cada vez aprendo mais.

A academia me dá alunas e alunos. A academia me permite viver e aprender. Passar mais da metade da minha vida pelos corredores da academia, conhecendo e convivendo com pessoas dos mais diversos jeitos e modos de ser, por entre livros e autoras encantadoras e empolgantes, tratando de temas profundos e complexos, me moldou para ser a mulher que sou hoje. Sou uma jurista negra, uma professora que não está satisfeita e que precisa de mais, muito mais.

Estou certa de que o que preciso, para uma satisfação intelectual e profissional, só a academia me proporcionará. Mas não se trata só de mim. A academia é o local onde estão depositadas esperanças de muitas e muitas pessoas. A academia é um espaço de existência e de resistência. A academia é o meu ambiente natural, mesmo sendo negra e periférica. Se é assim para mim, certamente pode ser para mais gente. Na academia se estruturam fortes relações de afeto e de poder.

Dentre as muitas relações de poder que a academia comporta, estão aquelas que conformam o direito tributário. Mas o que há para além do direito tributário e que deveria se conectar com ele para transformá-lo positivamente? Quais diálogos são possíveis se promover com o direito tributário? Talvez o método da interseccionalidade ofereça algumas respostas viáveis para estas questões.

Nos estudos desenvolvidos pela Teoria Racial Crítica, a interseccionalidade se apresenta como uma ferramenta analítica útil para se compreender como as relações de poder se estabelecem e para se construir caminhos alternativos que rompam com ciclos de subalternização. Deste modo, ao se ter em vista os princípios tributários é viável se pensar em como tais princípios se interseccionam e dialogam entre si e com marcadores de opressão.

Ao explicar o uso da interseccionalidade como ferramenta analítica, Patricia Hill Collins e Sirma Bilge explicam que:

> O uso da interseccionalidade como ferramenta analítica aponta para várias dimensões importantes do crescimento da desigualdade global. Primeiro, a desigualdade social não se aplica igualmente a mulheres, crianças, pessoas de cor, pessoas com capacidade diferentes, pessoas trans, populações sem documento e grupos indígenas. Em vez de ver pessoas como uma massa homogênea e indiferenciada de indivíduos, a interseccionalidade fornece estrutura para explicar como categorias de raça, classe, gênero, idade, estatuto de cidadania e outras posicionam as pessoas de maneira diferente no mundo. Alguns grupos são especialmente vulneráveis às mudanças na economia global, enquanto outros se beneficiam desproporcionalmente delas. A interseccionalidade fornece uma estrutura de interseção entre desigualdades sociais e desigualdade econômica como medida da desigualdade social global.[44]

O método da interseccionalidade permite que se articulem relações entre tributação e raça a partir dos princípios tribu-

---

[44] COLLINS, Patricia Hill & BILGE, Sirma. Interseccionalidade. 1ª ed. São Paulo: Boitempo, 2021, p. 33.

tários. Sendo assim, para que as limitações positivas ao poder de tributar cumpram o objetivo constitucional de reduzir desigualdades sociais, uma das alternativas possíveis é o uso do método da interseccionalidade ao se aplicar tais princípios.

Ao interseccionar os princípios tributários com os marcadores de opressão que determinam imobilidade na pirâmide social, tornar-se-á possível a construção de uma justiça fiscal harmonizada com os corolários de um Estado Democrático de Direito. Ao se aplicar os princípios constitucionais através da lente da interseccionalidade será possível considerar a raça, dentre outros marcadores de opressão, como o principal elemento de torção das relações fiscais. Tal se dá, pois não há como introduzir outros marcadores de opressão sem ter a raça como elemento central. A ausência do elemento "raça" deixa o debate incompleto, incapaz de integralizar-se. É o que ocorre, por exemplo, quando se introduz o gênero no debate e promove-se sua interrelação com a tributação.

Nas pesquisas apresentadas neste texto, é possível se constatar como a experiência da raça está amalgamada com o gênero e a classe, estando que as mulheres negras, dentre os pobres, como as mais pobres. Então, no entrecruzamento de tributação e gênero, sempre emerge a raça. A raça sempre aparece, inicialmente, como a pedrinha no sapato, mas que vai ganhando robustez e logo já é uma rocha sólida que se impõe desafiadora para tributaristas e constitucionalistas.

As pensadoras feministas negras insistem em defender, e com razão, que teoria e prática precisam andar juntas. Grada Kilomba explica que "formas de opressão não operam em singularidade; elas se entrecruzam"[45]. O entrecruzar dessas três retas (tributação, gênero e raça) é inevitável. Mas a emergência da raça não se dá somente quando se entrecruza tributação e gênero. O mesmo ocorre ao se trazer o marcador de classe para o debate. Sendo assim, o entrecruzamento de tributação

---

45 KILOMBA, Grada. Memórias da plantação – Episódios de racismo cotidiano. Rio de Janeiro: Cobogó, 2019, p.98.

e classe torna incontornável a questão racial. Considerando-se que dentre os mais pobres, estão os corpos negros. Sendo assim, nas relações que envolvem poder, a lente da interseccionalidade focará no elemento "raça" mais cedo ou mais tarde. Quanto antes, melhor. O mesmo se dá quando o marcador for capacidade, etariedade, sexualidade e assim por diante. A raça é determinante para uma real compreensão das complexidades decorrentes das relações de poder.

A tributação implica no estabelecimento de um poder muito específico sobre nossas existências, o poder de tributar. Este poder autoriza que o estado alcance nossa esfera privada e de lá retire recursos para a mantença pública. A raça, embora seja um conceito carregado de fluidez, implica, a grosso modo, em um artifício de hierarquização de corpos a partir de critérios biológicos, psicológicos, culturais, intelectuais ou morais. Neste sentido, os elementos-chave deste debate lidam de modo muito aproximado com o poder. O poder é o elemento comum a todas essas categorias (tributação e raça). Então, numa inversão proposital do pensamento, quando se aborda tributação e raça, estar-se-á, específica e incontornavelmente, falando sobre poder.

Misabel Derzi explica que "usa-se o Direito Tributário como instrumento da política social, atenuadora das grandes diferenças econômicas ocorrentes entre pessoas, grupos e regiões".[46] Este uso, porém, sofre uma precarização ao não se ter uma preocupação na centralidade da raça. Enquanto a raça for desconsiderada pela tributação, a função atenuante de desigualdades, que a advogada mineira aponta, não será alcançada.

Tomando por base todo o exposto, uma alternativa possível, para se amenizar os impactos da regressividade fiscal sobre corpos racializados prejudicialmente - os corpos negros, é o uso do método da interseccionalidade para uma leitura entrecruzada dos princípios tributários com o elemento "raça".

---

46 DERZI, Misabel in BALLEIRO, Aliomar. Limitações constitucionais ao poder de tributar. 8.ed. atualizada por Misabel Abreu Machado Derzi. Rio de Janeiro: Forense, 2010, p.9.

Deste esforço forjar-se-ia o conceito de interseccionalidade fiscal, sendo este o movimento de promover uma intersecção constante entre os princípios tributários e os variados marcadores de opressão existentes na sociedade brasileira.

Propõe-se, portanto, através da aplicação do método da interseccionalidade fiscal, tendo centralidade na raça, uma potencialização da progressividade fiscal, com a tributação incidindo cada vez mais sobre propriedade e renda, de modo a desonerar grupos minoritários e a promover igualdade de resultados, capaz de reduzir os efeitos de uma prática histórica e reiterada que oferece contornos racistas à tributação no país. Além disso, considera-se incontornável o estabelecimento de uma incidência tributária robusta sobre grandes fortunas, tendo também, neste caso, o elemento "raça" como critério determinante para uma desoneração reparatória[47] das fortunas de negras e negros.

A consideração de uma desoneração reparatória, posta aqui como uma reparação histórica por séculos de exploração e subjugação racial impostos aos corpos negros, encontra legitimidade e validade na avaliação histórica das desigualdades e injustiças e no compromisso disposto constitucionalmente de se estabelecer uma sociedade justa e igualitária. A compensação histórica é uma estratégia que merece atenção, pois os impactos de uma política fiscal que se funda no mito da democracia racial para se pautar como neutra sobre corpos que são sistematicamente desigualados e ocupam posições distintas na pirâmide social, possuem fortes reflexos intergeracionais. Ao se colocar o elemento "raça" no centro estratégico da justiça fiscal, abrem-se possibilidades de justiça distributiva, bem como de propostas de justiça compensatória.

---

47 Aplicando-se aqui os parâmetros de uma justiça compensatória, o que se pretende é aventar estratégias de ações afirmativas no âmbito tributário e que sirvam para reparar injustiças históricas. Essa dimensão retrospectiva também deve ser alvo de reflexões, englobando-se no rol de medidas prospectivas que contribuam para a redução de desigualdades estreitamente vinculadas à questão racial.

A raça, como já explicado, emerge como elemento central ao redor do qual gravitam todos os demais marcadores. Sendo assim, ao se utilizar a interseccionalidade fiscal, a raça deverá figurar como elemento central da equação. Então, ao se aplicar os princípios tributários, como igualdade, não confisco, legalidade, capacidade contributiva, dentre outros, faz-se necessário o uso da lente da interseccionalidade fiscal, trazendo um entrecruzar de marcadores de opressão para serem considerados e, a partir daí, se permitir que tais princípios contribuam efetivamente para a materialização dos corolários do Estado Democrático de Direito e materializem justiça fiscal.

Meu semestre se encaminha para o final. As provas finais se aproximam, os ânimos se exaltam. Estudantes cansados e tensos na batalha pela aprovação em minha disciplina. Observo e me pergunto se consegui plantar neles a sementinha da indignação pela realidade fiscal vigente, se consegui mostrar outras perspectivas possíveis para se analisar a tributação. Aproximar tributação e raça é tarefa mais complexa do que se pode imaginar, porque exige que se desnaturalizem institutos que foram estabelecidos como se só houvesse um único modo de se pensar sobre eles, de se olhar para eles. Este processo de naturalização de complexidades, simplicando-as, é estratégia integrante do pacto narcísico da branquitude e aqui direcionado para dilemas fiscais, mas não só. A maneira como os conteúdos são ensinados na academia, os cânones tributários exaltados pela educação fiscal, a exaltação de uma aura suntuosa que aparentemente envolve tributaristas e seus ditos magníficos escritórios, a escolha de uma linguagem que mais afasta do que inclui e que justifica o insulamento do direito tributário como um saber para pensadores de intelecto diferenciado... tudo isto se soma e se articula para dificultar a percepção do que realmente importa e que diz respeito à maioria da população brasileira: a inadequada captação e redistribuição de riquezas em nosso país.

Vou para a casa torcendo para que minhas alunas e alunos tenham conseguido compreender o que me esforcei tanto para ensinar, que tributação e raça formam juntas um ponto de inflexão incontornável para tributaristas engajados para a transformação social.

CAPÍTULO 10
DESAFIOS DE UM DIREITO TRIBUTÁRIO AFROFUTURISTA[48]

("UMA TRIBUTARISTA NEGRA ENCARNADA VAI FALAR")

Toda a minha vida experimentei uma sucessão absurdamente numerosa de testes e desconfianças. Em momentos os mais diversos fui testada para ver se podiam confiar em mim. Era porque sumiu um objeto de estima da bolsa de uma conhecida, porque algo se quebrou na casa de uma coleguinha na semana em que fui estudar por lá, porque eu disse "a" e uma outra pessoa disse "b", porque eu estava andando calmamente naquela loja chique, porque eu discordei da opinião de alguém, porque eu precisei correr ou andar um pouco mais rapidamente na rua, porque eu vi um dinheiro cair no chão das mãos de um senhor e fui ajudar mas pareceu que eu que queria pegar para mim. Enfim, por motivos os mais diferentes, minha confiabilidade era posta a prova. Agora, me ponho a ponderar, se uma mulher negra não é confiável, imagine uma professora e jurista negra?!

Me recordo de passar por várias situações constrangedoras ao ensinar meus conteúdos em classe. Era inquirida por certos estudantes de um modo tão ultrajante que parecia um interrogatório policial. Eu, a professora, precisava provar que

---

[48] Alguns trechos deste capítulo foram produzidos e apresentados especialmente para o 6º Congresso Luso-Brasileiro de Auditores Fiscais e que se consubstanciou numa intervenção de trinta minutos apresentada no painel de encerramento deste evento. A construção destas reflexões se deu em diálogo com meu texto *Direito Tributário Afrofuturista*, a ser publicado em obra coletiva coordenada pela professora Daniela Olimpio de Oliveira e Pryscilla Regia Oliveira Gomes (no prelo).

realmente sabia o que estava ali para ensinar. Não se tratava somente de um rigor acadêmico em referenciar teorias ou demonstrar profundidade intelectual. Era algo mais perverso. Por semanas e semanas a turma me sabatinava. Até que parecia que eu tinha sido aprovada na averiguação e começavam a me tratar com menos desconfiança.

Nos meus primeiros anos de docência, ainda muito inexperiente, não me contive após uma inquirição persistente e descabida em uma aula e desabafei, quase aos prantos, que eu era a professora, que era graduada em uma instituição respeitada, que dominava outros idiomas e que tinha sido contratada após uma seleção que já havia me arguido o suficiente. Certamente não foi o meu melhor momento e quando da minha demissão o diretor fez questão de destacar essa minha sublevação como uma prova de que eu não tinha capacidade para assumir uma sala de aula.

Mesmo fora de sala essa mesma inquirição persiste. Trabalhei na procuradoria de uma prefeitura por alguns anos e sempre que uma colega fazia uma pergunta para o grupo eu respondia de forma correta e fundamentada. Ela, sistematicamente, virava para outra pessoa próxima e perguntava se eu estava falando a verdade, se ela podia confiar em mim. Tudo isso em um tom audível em todo o gabinete que compartilhávamos num grupo de quase oito advogados. Na maioria das vezes as respostas dos colegas confirmavam minhas afirmações ou complementavam enriquecendo o que eu já tinha evidenciado. Ainda assim ela sempre checava para ver se eu estava mesmo certa.

Em muitas turmas já fui confrontada com perguntas que os alunos faziam já com a resposta do manualista consagrado em mãos e esperando para contradizer minhas colocações. Sempre houve uma sanha de demonstrar que eu não era de confiança. Essa postura comprometeu minha autoestima profissional por muitos anos, até que compreendi que não estavam me testando porque me achavam burra, mas sim porque eu sou negra. Compreender isso me transformou pedagogicamente em níveis tão profundos que nem sei se consigo explicar.

Eu sempre confiei muito na academia e nas possibilidades que ela me oferece de me pensar, me repensar, me desfazer e me refazer. Mas não sei se a academia confia em mim o suficiente para me deixar pertencer. Talvez ela só me aceite de passagem. Mas se me perguntarem, direi que quero permanecer porque me posiciono de um lugar pouco usual na academia. Sou uma jurista negra encarnada, uma tributarista negra encarnada.

Sigo no carro a caminho da faculdade, para a minha última aula do semestre e reflito sobre minha posição discursiva no direito tributário. Estaciono no amplo estacionamento institucional com a certeza inabalável da minha condição de tributarista negra encarnada[49]. Mas o que isso significa? Sou uma mulher negra. Sou uma mulher negra que veio da periferia. Sou uma feminista decolonial. Sou uma jurista negra. Sou uma tributarista negra. Sou uma tributarista negra feminista decolonial e desenvolvo minhas pesquisas e estudos recentes interessada em pensar o Direito Tributário a partir das afetações que este objeto de pesquisa me provoca. Este movimento insurgente, disruptivo e nada ortodoxo, que me interessa, faz com que eu me apresente como uma tributarista negra encarnada, ou seja, que encarna na escrita e nas reflexões as vivências, as experiências que ser uma mulher negra, ser de origem pobre, ter sido criada na periferia e me enveredar pelo Direito Tributário acabam provocando em mim. Meu olhar para o Direito Tributário é fortemente influenciado pela perspectiva decolonial do pensamento feminista contemporâneo.

---

[49] Apresento esta categoria a partir de um diálogo com Suely Aldir Messeder e seu texto *A pesquisadora encarnada: uma trajetória decolonial na construção do saber científico blasfêmico*. In Pensamento feminista hoje: perspectivas decoloniais/ organizado e apresentação Heloisa Buarque de Hollanda. Rio de Janeiro: Bazar do Tempo, 2020, p. 155-171.

Quando Mãe Stella de Oxóssi foi tomar posse na cadeira de número 33 da Academia de Letras da Bahia, ela disse:

> Tenho uma mente formada pela língua portuguesa e pela língua iorubá. Sou bisneta do povo lusitano e do povo africano. Não sou branca, não sou negra. Sou marrom. Carrego em mim todas as cores. Sou brasileira. Sou baiana. A sabedoria ancestral do povo africano, que a mim foi transmitida pelos 'meus mais velhos' de maneira oral, não pode ser perdida, precisa ser registrada. Não me canso de repetir: o que não se registra o tempo leva. É por isso que escrevo.[50]

Esta sacerdotisa está falando do lugar que Gloria Anzaldúa chama de *fronteira*[51]. Do mesmo modo como Mãe Stella de Oxóssi se posiciona no discurso, também o faço nas minhas pesquisas e reflexões. Sou uma tributarista negra interessada em pensar o Direito Tributário da fronteira. Então, a minha perspectiva para o debate tributário parte de uma posição fronteiriça, já que hoje eu já não estou mais na periferia (nem geográfica e nem dircursivamente), mas também não integro o *mainstream* tributário e nem tenho um pensamento tributário tradicional. Falo como uma tributarista negra encarnada, que interage com o objeto de pesquisa porque corporifica o grupo mais afetado por ele, e que considera tributação, democracia e desenvolvimento temas inseparáveis e incontornáveis para quem se interessa por construir futuros possíveis.

Em uma de minhas primeiras turmas, logo que me formei e iniciei a carreira docente, fui confrontada por uma aluna que

---

[50] Disponível em https://www.geledes.org.br/discurso-de-posse-de-mae-stella-de-oxossi-na-cadeira-n-33-da-academia-de-letras-da-bahia/?amp=1 . Acesso realizado em 12 de junho de 2022.

[51] ANZALDÚA, Gloria. La conciencia de la mestiza/Rumo a uma nova consciência. In Pensamento feminista: conceitos fundamentais. Organização Heloisa Buarque de Hollanda. Rio de Janeiro: Bazar do Tempo, 2019, p.323-339.

protocolou uma reclamação institucional alegando que eu não estava falando a verdade sobre quem eu era e nem sobre minha formação. A aluna tinha feito uma pesquisa na Ordem dos Advogados do Brasil. Meu nome é muito simples e, por isso, acabo sendo alvo de muitas homonímias. A moça jogou meu nome no banco de dados da OAB e dentre os inúmeros nomes idênticos ao meu que apareceram por lá ela escolheu o que tinha a ficha mais suja, que tinha mais processos disciplinares, que apresentava maior fragilidade profissional e decidiu que aquela pessoa era eu.

Quando o coordenador do curso me apresentou a documentação acusatória, fiquei perplexa. Como isso poderia ocorrer com tamanha naturalidade?!

Mas me bastou uma pesquisa simples, associando o meu número de ordem ao meu próprio nome, para demonstrar que aquela pessoa que tentavam apontar como sendo eu era, na verdade, uma outra advogada.

Entretanto, mesmo aquela sendo uma acusação fácil de se derrubar, a consternação que me causou não se desfez facilmente. Precisei de meses para me refazer do constrangimento que aquela investigação me causou, pois a aluna não se deu ao trabalho simplesmente de levar a questão ao corpo administrativo, ela espalhou aquela mentira por toda a instituição.

Diversos comentários me chegavam aos ouvidos por colegas e estudantes que me relatavam que a aluna usava dos dados coletados sobre a pessoa que não era eu para tentar macular minha imagem, alegando que eu não era tão correta quanto parecia ser, que eu não era honesta, que não era confiável, que não acumulava as virtudes necessárias para ensinar em uma sala de aula.

A instituição já sabia da verdade, mas eu não tinha como me explicar de cada falso boato espalhado. Era como se tentasse impedir que todas as gotas de uma chuva tocassem o chão. Alguma gota haveria de tocar o solo. Tive que aprender a aceitar a ação dessa força contra mim.

Hoje em dia, em toda sala que entro para lecionar, faço questão de explicar que meu nome é cheio de homonímia e já apresento meu número na Ordem dos Advogados do Brasil para reduzir os equívocos nas buscas que certamente ocorrerão.

Há uma sanha em se macular a imagem de uma mulher negra. Uma professora e jurista negra não deixa de ser perseguida por estar na academia, muito pelo contrário, a perseguição aumenta quanto mais próxima do centro do poder ela fica. Sempre insistem em alegar que ela não é de confiança e que a academia não é lugar para gente assim.

Sempre me apresentaram a academia como um lugar perfeito, como que para me avisar que minhas tantas imperfeições não cabem ali. Isso me surpreendia muitíssimo pois via meus professores e professoras falhando, sendo vulneráveis e podendo ter dúvidas. Aos meus muitos professores brancos e poucas professoras brancas era permitido não saber, ter dúvidas sobre um ou outro assunto, desconhecer alguma teoria ou pensador.

Certa vez, uma jurista negra minha conhecida, ainda quando na graduação, perguntou sobre como o pensamento de Frantz Fanon[52] contribuía para aquele debate que vinha sendo promovido em classe. O professor simplesmente respondeu que nunca tinha ouvido falar naquele autor e que, portanto, ele não devia existir. Era simplesmente isso: não conhecia, não existia.

Me ponho a pensar, se um dia eu tiver a ousadia absurda de alegar que desconheço um determinado pensador ou teoria, minha credibilidade será catapultada para abaixo do chão. Uma professora negra não pode se dar ao luxo de não saber algo. Ela precisa dar conta de tudo, senão terá sua competência posta em xeque e sua confiabilidade será posta à prova e passara a contar com fortes chances de ser riscada dos mapas da academia.

---

[52] Psiquiatra, filósofo político e ativista martinicano extremamente relevante para o debate racial e nos estudos pós-coloniais e identitários. Dentre suas obras recomendo, em especial, a leitura de Pele Negra, Máscaras Brancas.

Uma professora e jurista negra está sempre correndo riscos. Não há como se ignorar. Suas chances de voltar a ser invisível e silenciosa está ali, caminhando ao lado a todo momento. Há uma vigilância incessante sobre cada um de seus passos, palavras e gestos. Ela é acompanhada de perto por uma horda que torce por sua derrocada enquanto separa a terra que jogará por cima de sua cabeça logo após a queda.

Isso ocorre em qualquer lugar. Fora da academia é mais frequente porque este não é um lugar de presença natural deste corpo dissidente, mas a cada dia que passa mais e mais mulheres negras ocupam este espaço de poder. É importante que pensemos sobre essas estratégias de massacre moral, intelectual e profissional ao qual o corpo negro pode ser submetido para que possamos elaborar rotas de fuga e construir espaços seguros de acolhimento e proteção. Mulheres negras estão vulneráveis em qualquer lugar. Juristas negras estão vulneráveis na estrutura patriarcal e racista do sistema de justiça. Professoras negras estão vulneráveis na academia. Esta vulnerabilidade que eu mesma experimento me torna profundamente sensível para pensar num afrofuturo para o direito o direito tributário brasileiro.

O Direito Tributário Afrofuturista está às voltas com alguns desafios.

Um primeiro desafio é a retirada da centralidade branca do Sistema Tributário Nacional. Isso implica em promover o que chamo de giro tributário decolonial, deslocando as estratégias tributárias em prol da redução de desigualdades e para a materialização de resultados fiscais vantajosos para os grupos historicamente oprimidos e desfavorecidos pela lógica operacional do direito tributário vigente hoje. Ao se implementar um modelo fiscal mais progressivo este giro já se inicia.

Um segundo desafio do Direito Tributário Afrofuturista é a criação de um Sistema Tributário antirracista e que se interessa por promover mobilidade social e econômica através do ato de tributar e da redistribuição de riquezas de uma forma mais justa e sobretudo reparatória na história de nossa sociedade marcada por anos de escravidão perversa.

O terceiro desafio do Direito Tributário Afrofuturista é introduzir no raciocínio fiscal, na produção legislativa, sobretudo voltada para questões orçamentárias, uma visão interseccional e que considere a multidimensionalidade de opressões. Este é um caminho viável para a produção de orçamentos sensíveis a raça, para além do gênero. Para a implementação de políticas públicas que considerem localizações geográficas distintas, classe, etariedade, deficiências e outros vários marcadores de opressão possíveis.

O quarto desafio que vislumbro para o Direito Tributário Afrofuturista é compreender que o tributo pode cumprir uma função antidiscriminatória a partir do momento em que é captado pelos cofres públicos com o intuito, posteriormente materializado, de desmantelar uma lógica patriarcal, racista e classista que domina as relações estabelecidas em moldes coloniais. Quando o tributo é destinado a reduzir desigualdades sociais, desigualdades raciais, desigualdades de gênero e tantas outras desigualdades que atravessam as relações marcadas pela acumulação primitiva de capital e que sustenta a modernidade, aí sim sua função passa a ser outra e não mais aquela que sempre teve de preservação do *status quo* colonialista.

Quando o tributo passa a servir efetivamente para romper com a lógica moderna de dominação, verifica-se uma outra funcionalidade, esta sim coerente com os corolários do Estado Democrático de Direito. O tributo deixa de funcionar como elemento de imobilização socioeconômica e passa a servir como redutor de desigualdades e catalisador de bem-estar e emancipação de grupos minoritários e com histórico de opressão de raça, gênero, classe e tributação.

Dando um passo mais além, um quinto desafio dos futuros possíveis para o direito tributário é se abrir para outros saberes, para outras leituras de mundo. O direito tributário precisa ir além dos muros altos e glamourosos que o cercam e se estender para as humanidades que se materializam em números nas tabelas e gráficos estudados. É preciso se entender que os dados das tabelas são pessoas, são sujeitas e sujeitos significativos socialmente. Para isso, é necessário linkar o direito tributário com outros saberes, saberes localizados em outros espaços, como antropologia, sociologia, filosofia. Este movimento contribuirá para que se abram espaços para que outros corpos possam ocupar o centro do debate tributário e adquiram voz no discurso fiscal, como faço eu aqui como uma tributarista negra encarnada.

Meu semestre letivo, enfim, se encerra. Sou uma professora negra exausta. Mas sou uma tributarista negra feliz. Feliz por não desistir de pensar outros caminhos. Feliz por estar interessada em afrofuturos fiscais. Mas também sou uma tributarista negra angustiada pela dúvida de não saber até que ponto o assunto que moveu meu semestre e norteou minhas reflexões docentes - tributação e raça - é tema de interesse das pautas políticas que se implementam em meu país.

Mesmo exausta, sou uma professora negra e como tal sigo meu caminho de volta para casa pensando no próximo semestre letivo, em como farei para conseguir tocar a sensibilidade de estudantes que podem vir a se tornar grandes tributaristas deste Brasil. Não vou desistir. Não quero parar. Na verdade, só estou começando.

CONCLUSÃO

Para quem se interessa por pensar e transformar o direito tributário, é bom que se diga que é preciso ter coragem para enfrentar a mudança epistemológica inafastável cujos contornos este livro evidencia. Não que o direito tributário esteja mudando radicalmente. Na verdade, o que está mudando muito é o modo de se pensar o direito tributário. Outras narrativas fiscais estão interessadas em disputar os espaços epistemológicos e uma nova metodologia de ensino tensiona as velhas formas predominantes até aqui.

Neste novo cenário que se desenha, temas como *tributação e gênero, tributação e raça, tributação e desenvolvimento sustentável, ensino jurídico emancipatório, direito tributário decolonial, direito tributário afrofuturista* compõem alguns dos pilares epistemológicos fundamentais. Para que este movimento transformador ocorra outras conexões entre educação e prática fiscal precisam ser estabelecidas e novos caminhos devem ser encorajados para tributaristas que se interessem por futuros fiscais possíveis.

Tributação e raça são assuntos que precisam ser colocados em conexão para que a justiça fiscal possa ser alcançada através da aplicação de princípios tributários e da materialização de políticas públicas direcionadas para a realização dos ideais do Estado Democrático de Direito.

O Direito Tributário, sob o meu ponto de vista, está no centro da encruzilhada. E isso significa que ele é atravessado por múltiplas questões, por variadas demandas. A transformação que precisa ser feita rumo ao fortalecimento da democracia e ao desenvolvimento sustentável implica que se considerem estes cruzos e que se disponha a ouvir reflexões diferentes, pouco usuais e disruptivas, como esta que apresento neste trabalho.

Na mitologia dos orixás, Exu é o guardião das encruzilhadas, tudo que ali atravessa é vigiado por Exu. Neste meu ponto de vista, portanto, Exu se posiciona sobre o direito tributário e aguarda paciente que por ele atravessem novas possibilidades.

Neste livro, em que dialogo com vários momentos de produção e reflexão que venho desenvolvendo nos últimos anos, abro uma porta para um outro modo de se pensar o direito tributário e o faço corporificando e humanizando o debate. Faço isso porque penso como uma tributarista negra encarnada, mas também porque o afrofuturo do direito tributário exigirá humanização e acesso a novas sensibilidades para se operacionalizar os aspectos fiscais rumo ao desenvolvimento sustentável e à redução de desigualdades.

Este livro se estrutura a partir do paradigma da escrevivência, aplicando um método de escrevivência jurídica na esfera tributária. Neste movimento, dialoga com uma teoria racial crítica já bastante difundida na América do Norte e estabelece conexões com o storytteling e suas potencialidades discursivas. É um livro sobre tributação e raça e também é um livro sobre uma tributarista negra encarnada. É um livro de direito tributário, mas que se articula a partir de fabulações e ao fazer isto se afasta do modelo tradicional de escrita jurídica e da produção científica tributária de viés conservador. É uma espécie de ousadia para com o modo de se pensar a tributação. Este projeto pode ser resumido como uma ousadia fiscal.

REFERÊNCIAS BIBLIOGRÁFICAS

ALMEIDA, Silvio Luiz de. O que é racismo estrutural. Belo Horizonte: Letramento, 2018.

AZEVEDO, Elciene. Orfeu de Carapinha: a trajetória de Luiz Gama na imperial cidade de São Paulo. SP: Editora da Unicamp, Centro de Pesquisa em História Social da Cultura, 1999.

BETHENCOURT, Francisco. *Racismos: Das Cruzadas ao século XX*. São Paulo: Companhia das Letras, 2018.

BOURDIEU, Pierre. *O poder simbólico*. Rio de Janeiro: Editora Bertrand Brasil. S.A., 1989.

COLLINS, Patricia Hill. Pensamento feminista negro: conhecimento, consciência e a política do empoderamento. São Paulo: Boitempo, 2019.

Constituição da República Federativa do Brasil de 1988. Disponível em http://www.planalto.gov.br/ccivil_03/Constituicao/Constituicao.htm, acesso em 10/06/2021.

COSTA, Sérgio. *Dois Atlânticos: teoria social, anti-racismo, cosmopolitismo*. Belo Horizonte: Editora UFMG, 2006, p.11.

DELGADO, Richard; STEFANCIC, Jean. *Teoria crítica da raça: uma introdução*. São Paulo: Editora Contracorrente, 2021, p.34.

DERZI, Misabel in BALLEIRO, Aliomar. *Limitações constitucionais ao poder de tributar*. 8.ed. atualizada por Misabel Abreu Machado Derzi. Rio de Janeiro: Forense, 2010, p.11.

DOMINGUES, Petrônio. *O mito da democracia racial e a mestiçagem no Brasil (1889-1930)*. Diálogos Lationamericanos, número 010. Universidad de Aarhus. Red de Revistas Científicas de América Latina y el Caribe, España y Portugal, 2005.

FANON, Frantz. Pele Negra, máscaras brancas. Salvador: EDUFBA, 2008.

HOLLANDA, Heloisa Buarque de. (org) Pensamento feminista hoje: perspectivas decoloniais. Rio de Janeiro: Bazar do Tempo, 2020.

HARAWAY, Donna. *Saberes Localizados: a questão da ciência para o feminismo e o privilégio da perspectiva parcial*. Cadernos Pagu (5) 1995: pp. 07 – 41.

HARRIS, Angela P. Race and essentialism in feminist legal theory. Stanford Law Review. Vol. 42, Nº 3, pp. 581 a 616, Feb, 1990.

HARRIS, Angela P. Raça e essencialismo na teoria feminista do direito. Tradução de Camilla de Magalhães Gomes e Ísis Aparecida Conceição. Revista Brasileira de Políticas Públicas. Vol 10, N°2, pp. 43 a 74. Ago, 2020

HARRIS, Cheryl. "Whiteness as Property". Harvard Law Review, 1993, 106 (8): 1707 – 1791.

hooks, bell. Ain't I a Woman. Black women and feminism. NY: Routledge, 2015A.

hooks, bell. Alisando nosso cabelo. Revista Gazeta de Cuba – Unión de escritores y artistas de Cuba. Janeiro -fevereiro de 2005. Retirado do blog coletivomarias.blogspot.com/.../alisando-o-nosso-cabelo.html

hooks, bell. All about lover. New visions. NY: Perenial, 2001.

hooks, bell. Anseios: raça, gênero e políticas culturais. São Paulo: Elefante, 2019A.

hooks, bell. Art on my mind. Visual politics. NY: The New Press,

hooks, bell. Black looks: race and representation. NY: Routledge, 2015B.

hooks, bell. Bone black: memories of girlhood. NY: Henry Holt and Company, 1996.

hooks, bell. Breaking bread: insurgente black intelectual life. Bell hooks and Cornel West. Boston: South end Press, 1991.

hooks, bell. Communion: the female Search for love. NY: William Morrow, 2002B.

hooks, bell. E eu não sou uma mulher? : mulheres negras e feminismo. Rio de Janeiro: Rosa dos Tempos, 2020.

hooks, bell. Ensinando a Transgredir: a educação como prática da liberdade. São Paulo: Martins Fontes, 2013.

hooks, bell. Ensinando pensamento crítico: sabedoria prática. Este livro completa a Trilogia do Ensino desenvolvida pela autora. São Paulo: Martins Fontes, 2019B.

hooks, bell. Erguer a Voz. Pensar como feminista, pensar como negra. São Paulo: Elefante, 2019C.

hooks, bell. Feminism is for everybody. Passionate politics. NY: Routledge, 2015C.

hooks, bell. Feminist Theory: from margin to center. NY: South end Press, 1984.

hooks, bell. Grump Groan Growl. NY: Hyperion Books for children, 2008.

hooks, bell. Intelectuais negras. Versão de Black Women Intellectuals in Gloria Watkins and Cornel West, Breaking Bread – Insurgent Black Intelectual Life, Boston South end Press, 1991.

hooks, bell. Intelectuais negras. Estudos feministas. N°2/95. Tradução Marcos Santarrita.

hooks, bell. Killing rage: ending racismo. NY: Henry Holt and Company, 1995.

hooks, bell. Mulheres negras: moldando a teoria feminista. Revista Brasileira de Ciência Política. Brasília, janeiro-abril de 2015D, pp. 193-210.

hooks, bell. O feminismo é para todo mundo. Políticas arrebatadoras. Rio de Janeiro: Rosa dos Tempos, 2018.

hooks, bell. Olhares Negros: raça e representação. São Paulo: Elefante, 2019D.

hooks, bell. Outlaw Culture: resisting representations. NY: Routledge, 2006.hooks, bell. Reel to real: race, class and sex at the movies. NY: Routledge, 1996.

hooks, bell. Remembered Rapture. The writer al work. NY: Henry Holt and Company, 1999.

ooks, bell. Representing whiteness in the black imagination. In Cultural Studies. NY: Routledge, 1992.

hooks, bell. Rock my soul: black people and self-esteem. NY: Atria Books, 2003.

hooks, bell. Salvation: black people and love. NY: William Morrow, 2001

hooks bell. Sister of the yam: black women and self-recovery. NY: Routledge, 2015E.

hooks, bell. Talking Back: thinking feminist, thinking black. NY: Routledge, 2015F.

hooks, bell. Teaching Critical Thinking: Practical Wisdom. NY: Routledge, 2010.

hooks, bell. Teaching to transgress: education as the practice of freedom. NY: Routledge, 1994.

hooks, bell. Teoria Feminista: da margem ao centro. São Paulo: Perspectiva, 2019E.

hooks, bell. The will to change: men, masculinity, and love. NY: Atria Books, 2004A.

hooks, bell. We real cool: black men and masculinity. NY: Routledge, 2004B.

hooks, bell. Where we stand: class matters. NY: Routledge,

hooks, bell. Wounds of passion: a writing life. NY: Henry holt and company, 1997.

hooks, bell. Writing Beyond Race: living theory and practice. NY: Routledge, 2013.

hooks, bell. Yearning: race, gender, and cultural politics. NY: Routledge, 2015G.

KILOMBA, Grada. Memórias da Plantação: episódios de racismo cotidiano. Rio de Janeiro: Cobogó, 2019, p.98.

LOIS, Cecilia Caballero (Org.). LEITE, Roberto Basilone(Col.). Justiça e democracia: entre o universalismo e o comunitarismo: a contribuição de Rawls, Dworkin, Ackerman, Raz, Walzer e Habermas para a moderna teoria da Justiça. São Paulo: Landy Editora, 2005.

MARCONDES, Mariana Mazzini ... [et al.] (organizadoras). Dossiê mulheres negras: retrato das condições de vida das mulheres negras no Brasil. Brasília: Ipea, 2013. pags 23 a 32.

MBEMBE, Achille. Necropolítica: biopoder, soberania, estado de exceção, política da morte. São Paulo: n-1 edições, 2018.

MIGNOLO, Walter. *Colonialidade: o lado mais escuro da modernidade*. Revista Brasileira de Ciências Sociais, Vol. 32, n° 94, junho/2017.

MÖLLER, Josué Emilio. A justiça como equidade em John Rawls. Porto Alegre: Sergio Antonio Fabris Editor, 2006.

MURPHY, Liam; NIGEL, Thomas. *O mito da propriedade: os impostos e a justiça*. São Paulo: Martins Fontes, 2005, p.129.

QUIJANO, Aníbal. Colonialidade do poder. Disponível em bibliotecavirtual.clacso.org.ar/clacso/sur-sur/20100624103322/12_Quijano.pdf

RAWLS, John. Uma Teoria da Justiça. In: BORGES FILHO, Nilson. Direito, Estado, Política e Sociedade em Transformação. Porto Alegre: Fabris, 1995, p. 39 - 54.

RAWLS, John. Justiça como equidade. São Paulo: Martins Fontes, 2003.

RAWLS, John. Justiça e democracia. São Paulo: Martins Fontes, 2002a.

RAWLS, John. O Liberalismo político. São Paulo: Ática, 2000.

RAWLS, John. Uma teoria da justiça. São Paulo: Martins Fontes, 2002b.

RICHARDSON, Henry & WEITHMAN, Paul. "A Brief Sketch of Rawls's Life", publicado em Development and Main Outlines of Rawls's Theory of Justice. (Philosophy of Rawls, Volume 1). New York: Garland Publishing, 1999.

RODRIGUES, Hugo Thamir; OLIVEIRA, Antonio Furtado de. *A regressividade do sistema tributário brasileiro*. 2017. Disponível em https://online.unisc.br/acadnet/anais/index.php/ppds/article/download/16449/4096. Acesso em 30/10/2021).

SANCHEZ, Beatriz Rodriguez. Críticas feministas à teoria de justiça rawlsiana: contendas entre posições liberais e não-liberais. Seminário Discente do Programa de Pós-Graduação em Ciência Política. VI Seminário Discente Do Programa de Pós-Graduação em Ciência Política, 2016.

SANTOS, Maria Angélica dos. Realidade fiscal e distributividade de riquezas à luz da teoria rawlsiana. Revista Tributária e de Finanças Públicas, São Paulo, v. 10, n. 46, p. 9-20, set./out. 2002.

SCHWARCZ,Lilia Moritz; GOMES, Flávio dos Santos (Orgs.). *Dicionário da escravidão e liberdade: 50 textos críticos* – 1ª ed. – São Paulo: Companhia das Letras, 2018, p.34 e 35.

SILVA, Ana Paula Procópio da. ALMEIDA, Magali da Silva. GONÇALVES, Renata. Entrevista Ochy Curiel e o feminismo decolonial. Revista em Pauta, RJ 2º semestre de 2020, n. 46, v.18, p 269-277. Revista da Faculdade de Serviço Social da Universidade do Estado do Rio de Janeiro. Disponível em https://www.e-publicacoes.uerj.br/ojs/index.php/revistaempauta/article/view/52020

TEODOROVICZ, Jeferson. História Disciplinar do Direito Tributário Brasileiro, São Paulo: Quartier Latin, 2017.

VENÂNCIO FILHO, Alberto. Das arcadas ao bacharelismo. São Paulo: Perspectiva, 2011.

WILLIAMS, Patricia J. The Alchemy of Race and Rights: diary of a law professor. Cambridge: Harvard University Press, 1991.

- editoraletramento
- editoraletramento.com.br
- editoraletramento
- company/grupoeditorialletramento
- grupoletramento
- contato@editoraletramento.com.br

- editoracasadodireito.com
- casadodireitoed
- casadodireito